KB063957

나누면서 커간다

나누면서 커간다

유승민

도서출판 나루

머리말

'재벌은 왜 문제인가?' 이 의문에 대한 우리의 오해를 풀고 이해를 제고하는 것이 이 글의 첫 번째 목적이다. '재벌이 문제가 있다면, 과연 정부는 그 문제를 직시하고 있으며, 문제를 치유하기 위한 올바른 처방을 제시하는가?' 완벽할 수는 없겠지만, 이 질문에 답하는 것이 이 글의 두 번째 목적이다.

우리나라 국민은 각자가 재벌에 대하여 나름대로의 주관을 갖고 있다는 점에서 모두가 재벌의 전문가이다. 사실 재벌 혹은 소위 경제력집중의 이슈만큼 우리 사회에서 일반의 관심을 많이 끄는 경우를 발견하기란 어렵다. 그러나 일반 국민, 언론, 정치권이 재벌을 보는 시각에는 정치, 사회, 경제, 문화가 뒤섞여 있다. 따라서 재벌이슈란 단순히 경제적인 이슈가 아니라 정치·사회적인 이슈가 되었다. 그렇다면 재벌과 경제력집중 현상을 경제이슈로만 해석하는 고집은 곤란하며, 사회과학의 올바른 태도가 아니다. 그럼에도 불구하고 이 글은 필자 자신이 경제학도이기 때문에 경제논리를 크게 벗어나지 못하는 한계를 갖는다.

재벌에 대한 시각이 워낙 다양하고 일반의 관심이 높다는 사실은 그만큼 재벌이 우리 경제사회에서 중요한 위치를 차지하고 있기 때문일 것이다. 그러나 이러한 시각의 다양성과 높은 관심이 때로는 올바른 정책의 선택을 방해하기도 한다. 정부가 정책선택시 여론에 신경을 써야 하고, 정치논리가 재벌정책을 좌우할 수 있기 때문이다. 불합리한 '재벌 때리기'(재벌 bashing)가 횡행해서도 곤란하고 법과 규칙을 벗어난

'재벌 감싸주기'가 있어서도 곤란하다. 따라서 필자가 경제논리에 충실했다는 측면이 이 글의 한계인 동시에 기여가 되면 좋겠다.

이 글은 김영삼 행정부의 지난 3년간 재벌정책을 종합적으로 평가하기 위하여 작성된 것이지만, 그 이전에 재벌에 대한 일반의 막연한 비난이나 칭찬이 얼마나 확실한 근거를 갖는지를 밝혀 봄으로써 혹시나 우리가 무엇인가를 크게 오해함으로써 재벌정책이 잘못된 방향으로 흘러가지는 않는지를 이야기하기 위한 것이다. 필자가 이 글 곳곳에서 소개하는 각종 인용문을 본문의 내용과 비교하면 우리의 오해가 무엇인지를 알 수 있을 것이다.

이 글은 일반독자를 위하여 가능한 한 평이하게 쓰였지만 군데군데 경제학의 지식이 없는 분들이 읽기에는 난해한 부분도 있다. 오히려 필자는 재벌정책을 담당하는 행정부 공무원, 법·제도를 만드는 입법부, 법을 집행하는 사법부가 이 글을 읽고 시각을 바로잡는 데 도움이 되기를 기대한다.

필자는 이 글을 쓰면서 많은 분의 도움을 받았다. 공정거래위원회 박상용 과장님, 박귀찬 사무관님, 은행감독원 김동일 조사역님의 도움에 깊이 감사드린다. 또한 지난 수년 동안 이 이슈에 대하여 필자와 열심히 토론해 왔던 많은 분께 감사드린다.

1996년 2월 홍릉에서 유승민

목차

IV. 향후 재벌정책의 과제

I. 서론

우리 사회의 여론주도층 중에는 재벌과 경제력집중 현상이 우리 경제에서 가장 심각한 문제라고 지적하는 경우가 많다. 과연 그러한가? 유감스럽게도 이러한 지적에 쉽게 동의하기란 힘들다. 1996년 현재 우리 국민은 광복 이후 50년의 경제성장이 가져온 과실을 누리면서, 한편으로는 급변하는 세계경쟁의 시대를 헤쳐 선진국으로 발돋움하기 위한 제2의 도약을 모색하고 있다. 긴 안목에서 미래를 내다본다면 산업의 경쟁력을 강화함으로써 선진국 대열에 진입하는 것만큼 중요한 과제는 없다. 현재 우리가 때로는 재벌이라고 비난하는 대기업들이 계속 발전하지 않고서는 선진국 진입이나 산업경쟁력 강화란 불가능하다.

그렇다면 재벌과 경제력집중은 왜 문제인가? 우리가 쉽게 접할 수 있는 몇 가지 주장을 살펴보기로 하자. 우선 재벌의 문어발식 확장에 대한 사회적 비난이다. 대부분의 재벌이 주요 제조업은 물론 금융, 유통, 외식업, 레저, 골프장 등의 서비스업과 과거 중소기업이 담당하던 업종에까지 문어발식으로 침투하고 있는 현상을 비난하는 것이다. 이 같은 재벌의 사업확장이 문제라면 왜 문제인가? 재벌이 중소기업의 영역을 침범하여 이들의 사업기회를 빼앗기 때문인가, 아니면 재벌의 사업확장이 재벌 스스로의 경쟁력 강화에 도움이 되지 못하기 때문인가? 과연 그것이 진정한 문제라는 충분한 증거를 우리는 확보하고 있는가? 이같이 문제의식의 근원을 파헤쳐 보면 과연 우리가 문제라고 믿고 있었던 것이 과연 문제였던가를 반문하게 되는 경우가 많다.

재벌기업의 소유권이 집중되어 총수와 그의 가족들이 경영에 있어서 전횡에 가까운 힘을 독점하고 있다는 비난도 있다. 그러나 이 경우에도 소유가 집중된 상태 그 자체가 문제인지, 상속·증여세법 등 실정법을 위반하여 소유집중이 이루어진 것이 문제인지 분명하지 않다. 소유가 집중된 기업이 모두 문제라면 정부가 반강제적인 수단을 동원해서라도 소유를 분산시켜야 할 것인데, 그렇다면 재벌기업의 경우보다 더욱 소유가 집중된 독립대기업, 중소기업의 경우에도 소유가 분산되어야 할 것인가? 상속·증여세법이 법대로 시행되지 못한 것이 문제라면 기업이든 개인이든 법 위반에 따른 벌칙을 감수해야 하겠지만, 그 일차적인 책임은 법 집행에 소홀했던 정부에게 있지 않은가?

재벌과 경제력집중에 대한 일반의 비판적인 시각에는 사실 우리 경제사회가 안고 있는 모든 문제의 원인을 재벌에게서 발견해 보려는 심리가 깔려있다. 정경유착과 비자금이 문제라면 과거 정치권력이 앞장서서 만들어 놓은 부패구조가 문제의 근원일 것이고, 재벌은 이를 악용하여 법을 위반한 책임이 있다. 부동산투기와 같은 재테크 행위가 문제라면 정도의 차이는 있지만 과거 투기적 이익을 노리고 부동산을 사들였던 개인이나 기업은 모두 비난받아야 할 것이다.

오늘날 재벌은 우리 경제사회의 모든 측면과 어떤 식으로든 관계를 맺고 있기 때문에, 재벌을 문제삼기 시작한다면 사실 해당되지 않는 분야를 발견하기가 힘들 정도이다. 이처럼 재벌에 대한 문제의식은 매우 폭넓고 다양한 반면, 정작 어느 한 가지 문제에 대해서도 '무엇이 왜 문제인가?'를 밝히는 것은 결코 분명하지 않다. 그동안 소위 재벌이슈의 이러한 이중적인 모습 때문에 가장 큰 피해를 본 것은 재벌과 우리 국민이다. 우선 재벌은 자신에 대한 우리 사회의 문제 제기가 분명하지 못하고 납득하기 어려운 상태로 진행되면서 무엇을 어떻게 해야 좋을지 당황하게 되고, 사회적 비난에 적절히 대응해야 한다는 압박감이 작용하여 때로는 기업 본연의 임무를 잠시 잊게 되거나 기업으로서 최선의 선택을 포기해야 하는 사태도 발생한다.

우리 국민은 어떠한가? 재벌에 대한 비판이 거셀수록 한순간 속 시원함을 느끼겠지만, 이러한 비판이 건설적인 방향으로 결론을 제시하지 못하는 한, 국민은 얻는 것보다 잃는 것이 많을 것이다. 재벌비판의 결론이 소비자로서, 종업원 및 그 가족으로서 국민이 누리게 될 삶의 질을 높이는 것이라면 그러한 비판은 계속되어야 할 것이나, 만약 비판의 결론이 기업의 자유를 지나치게 구속하여 재벌의 생산, 수출, 고용을 위축하는 것이라면 국민이 입게 될 피해 또한 자명하다.

이처럼 재벌비판은 국민에게조차 위험스러운 요소를 가지면서도, 그동안 재벌은 어떤 식으로든 규제되어야만 한다는 일각의 주장을 뒷받침해 왔던 것 또한 소위 국민정서였다. 즉, 정부가 경제논리에 따라 과거의 불합리한 재벌규제를 개선하고 싶어도, 이를 비판적 시각에서 바라보는 국민정서가 있기 때문에 정책을 수행하기 힘들다는 것이다.

그렇다면 재벌에 대한 국민정서란 과연 무엇이며, 그 정서란 항상 반재벌적인 것인가? 이에 대하여 자신 있게 '그렇다'고 말할 수 있는 사람은 없다. 재벌에 대한 국민정서의 실체가 무엇인지 모호한 가운데, 국민정서란 이를 이용하고자 하는 측의 주장에 따라 다양한 모습으로 존재한다. 일부 정치인들은 나름대로 정경유착과 특혜시비에서 벗어나고자 때로 과도한 재벌규제를 지지할 수밖에 없었으며, 국민여론에 큰 영향을 주는 언론도 재벌에 대하여 중립적이었다기보다는 재벌 비판적인 국민정서를 자극해 왔다. 일부 지식인 계층도 재벌을 비판하는 것이 마치 우리 경제의 선진화를 위하고 애국하는 길인 것처럼 반재벌적인 국민정서를 자극하였다.

재벌에 대한 국민정서가 무엇이든, 우리 사회를 위하여 진정 중요한 일은 재벌에 문제가 있다면 이를 치유해야 한다는 지극히 단순한 과제이다. 지난 50년 동안의 경제발전 역사를 회고해 보면 오늘의 재벌과 경제력집중은 지난날 고속성장의 결과인 동시에 그 방법이었다. 특히 지난 30여 년 동안 정부가 대기업 위주의 성장전략을 수행하는 과정에서 유산이 되어 버린 우리 경제의 재벌구조에 아무런 문제가 없다고 말하기란 어렵다. 그렇다면 현시점에서 할 일은 첫째 문제가 무엇인가를 알아내고, 둘째 파악된 문제에 대하여 가장 적절한 처방을 제시하는 것이다.

문제가 무엇인가를 알아내고 적절한 처방을 제시하는 것은 아무나 맡을 수 있는 일이 아니며, 전문가적인 능력과 시대상황에 대한 탁월한 인식이 요청되는 과제이다. 우리 사회에서 소위 재벌문제가 있다면 그 문제를 해결할 수 있는 전문가란 누구인가? 우선 세계 어느 나라보다도 자질이 우수한 행정부의 엘리트 관료집단이 가장 적격의 전문가 집단일 것이다. 그러나 우리나라의 엘리트 관료집단은 과거 개발연대의 유산인 정부만능주의, 재량주의, 권위주의의 전통을 완전히 극복하지 못하고 있기 때문에 시대상황을 앞서가는 재벌정책을 과연 제시할 수 있을지 의문시되고, 아직도 정치권력으로부터 독립적인 판단을 하기 어려운 한계를 안고 있다. 그렇다면 일부 지식인들의 중립적인 견해가 반영되어야 할 것인데, 이 경우에도 경제현실에 대한 이해가 부족하다는 약점이 있다. 이렇게 본다면 엘리트 관료와 지식인이 재벌문제의 해결을 주도하되 변화무쌍한 경제현실에 대한 이해가 높은 기업인들이 스스로의 문제해결에 적극 참여하는 방식이 바람직하다고 볼 수 있다.

재벌문제를 정확하게 파악하고 처방을 제시하는 과제는 이처럼 엘리트 관료집단, 지식인, 기업인의 합작품이 되어야 할 것이며, 이들은 정확한 문제인식과 미래에 대한 비전을 바탕으로 하나의 종합대책을 제시함으로써 그동안의 혼란에 마침표를 찍어야 한다. 이들의 처방이 부분적인 것이라면 재벌이슈를 둘러싼 그동안의 혼란스러웠던 논쟁을 종식시키기 힘들 것이다.

그러나 이들이 재벌문제를 규명함에 있어서도 과거의 잘못과 현재의 잘못을 어떻게 구분하는가 라는 의문은 항상 어려운 선택이며, 때로는 정치적 판단이 필요하다. 오늘의 재벌은 우리 경제의 과거가 누적된 것이기 때문에 과거의 잘못으로부터 결코 자유로울 수 없다. 중요한 점은 재벌문제의 본질을 이해하기 위해서는 역사와 과거에 대한 이해가 필요하지만, 올바른 처방을 제시하기 위해서는 현재와 미래에 대한 이해가 필요하다는 사실이다. 과거에 대한 반성은 때로는 '재벌해체'와 같은 극약처방을 권유하지만, 시간이 흐르면 문제의 본질은 변하며, 미래에 그 처방은 원치 않는 것으로 변할 가능성이 크다. 재벌은 재벌이기 이전에 우리 경제의 경쟁전략에 동원되는 기업이라는 시각이 균형된 처방을 위하여 필요할 것이다.

이 글은 우선 재벌과 경제력집중이 왜 문제인가를 따져 보고(II장), 합리적 수준에서 공감할 수 있는 문제의식을 바탕으로 현 정부가 추진하고 있는 재벌정책을 평가하고자 하며(III장), 마지막으로 향후 재벌정책의 전체적인 모습과 세부과제를 제시하고자 한다(Ⅳ장), 과거 재벌에 의한 경제력집중이 심화된 것은 1960년대 이후의 대기업 위주 성장전략 때문이었으나 그 결정적 계기는 1970년대의 중화학공업 육성시책이었으며, 그 이후 지난 20여 년 동안 재벌정책을 둘러싼 논쟁은 가히 백가쟁명식으로 전개되어 왔다. 재벌에 대한 문제의식이 개인에 따라, 집단에 따라 지극히 다양하였고 처방 또한 각양각색이었던 만큼, 이 글이 제시하는 문제의식, 정책평가, 처방 또한 결코 객관적일 수는 없다. 그러나 최소한 이 글을 통하여 우리가 그동안 막연하게 심각한 문제라고 생각해 왔던 것이 결국 별 문제가 아니라든지, 사소하게 치부해 왔던 문제가 사실은 중요한 문제로 인식되는 등 재벌문제에 대한 이해를 새롭게 하는 계기가 된다면 이 글의 기여가 있다고 본다.

II. 재벌과 경제력집중, 왜 문제인가?

1. 재벌정책의 혼란상

대부분의 사람은 재벌이슈라 하면 흔히 경제력집중 현상을 떠올린다. 즉 경제적 자원과 수단을 소유·지배함에 따라 발생하는 경제력이 소수의 경제주체에게 집중되어 이들이 다른 경제주체의 선택과 국민경제의 자원배분에 영향을 미칠 수 있는 구조적 상태가 재벌이슈의 본질이라는 판단이다. 그러나 우리가 통상 말하는 재벌문제는 이러한 경제력집중 자체뿐만 아니라 매우 포괄적인 의미를 지니고 있다. 재벌은 정부와 마찬가지로 우리 경제의 중요한 주체이므로, 하나의 분야가 아니라 경제의 다양한 측면에 걸쳐 존재하기 때문이다.

사실상 금융, 중소기업, 토지, 노사관계, 소득분배, 정부-기업 관계 등이 모두 재벌문제와 깊이 연관되어 있다는 우리의 현실은 재벌문제를 하나의 독립된 분야로서 인식하고 바람직한 결론을 도출하는 것이 거의 불가능함을 의미한다. 이러한 재벌이슈의 복합성 때문에 과연 무엇이 왜 문제인지를 제대로 파악하는 것은 매우 어려운 과제이다. 문제인식이 개인별로, 집단별로 제각기 전개됨에 따라 재벌과 경제력집중에 대한 정책대응도 매우 혼란스러웠다.

그 대표적인 것이 1974년 5·29조치라 할 수 있다. 경제력 집중을 억제하기 위한 최초의 정책시도는 당시에는 대기업에 대한 여신편중, 대기업의 소유집중과 재무구조 부실화 등이 문제로 지적되어 은행감독원이 「계열기업군에 대한 여신관리협정」을 마련하였다. 이 여신관리협정은 오늘날까지 이어지는 여신관리제도의 시작이라 할 수 있다. 5·29조치는 1974년 그해에 8·8 기업공개 보완대책으로 이어져 공개를 통한 대기업의 소유분산을 유도하는 내용이 추가되었다. 그러나 이 제도는 정책의지의 결여와 규제장치의 실효성 미흡으로 당초 의도한 목표를 제대로 수행하지 못하였으며, 70년대 중반 이후 경제력집중은 다시 방치되었다고 평가된다.

1980년의 9·27 기업체질 강화대책도 재벌규제의 일환으로 평가할 수 있지만, 당시 정책도입의 배경이 불황으로 인한 대기업의 재무구조 부실화를 치유하기 위한 것이었다는 한계를 가지고 있었다. 9·27대책의 주요조치 내용은 대기업의 부동산 소유 제한, 계열기업 정리, 회사정리제도 악용방지, 구제금융의 최대한 억제, 여신관리 강화, 외부감사제도 확대 등이었는데, 1년 가까이 집행된 이후에는 사후관리가 소홀하게 되었다.

재벌정책이 본격적으로 이루어진 것은 80년대 중반 이후라고 할 수 있다. 즉 1987년 공정거래법상 출자규제제도가 도입·시행되고, 1974년의 여신관리제도가 80년대에 들어

자기자본비율, 투자승인, 자구노력 등의 규제와 함께 여신한도관리(소위 바스켓 관리)를 대폭 강화함으로써, 이 양대 축을 중심으로 재벌규제가 하나의 정책 패키지로 형성되기 시작하였다.

이 밖에도 넓은 의미에서 재벌정책의 범주에 포함될 수 있는 정책은 상호채무보증 제한, 각종 소유분산 시책과 지배·경영 구조 관련 규제, 업종전문화 유도시책 등이 있다. 또한 공기업 민영화, 사회간접자본(SOC) 민자유치, 산업별 진입·소유·투자 규제 등의 산업 정책, 공정거래법의 기업결합 규제, 시장지배적 지위남용 규제, 내부거래 규제, 하도급법의 규제, 자본시장 관련규제 등도 모두 재벌 정책과 밀접한 관계를 갖는 것으로 보아야 한다.

80년대 중반 이후 재벌정책의 범주에 속하는 다양한 정책들이 속속 도입되면서 실로 재벌에 대한 백화점식 규제의 시대가 도래하였다. 그러나 80년대 중반 이후 오늘에 이르는 10여 년 동안에도, 과연 재벌이슈는 무엇이 왜 문제인가에 대한 논리와 공감대가 결여된 가운데 재벌규제는 경기변동, 정부-재벌 관계의 본질 변화에 따라 부침현상을 반복하는 경향을 나타내고 있다.

재벌정책의 혼란상은 개념과 인식의 혼란, 효율과 형평 등 평가 기준의 혼란과 무관하지 않으며, 결국 우리나라의 경제발전이 추구하여야 할 가치가 무엇인가 하는 문제와 관계가 깊다. 경제력집중을 생산집중, 업종다각화, 소유·지배권 집중으로 파악할 때 문제의 핵심을 규명하고 이에 대한 적절한 처방을 모색하는 과제는 아직도 원점에 머물고 있다.

그동안 재벌구조의 문제라고 인식되어 온 점은 이들의 국민경제적 비중, 업종다각화, 소유집중, 그룹 집중식(소위 선단식) 경영이었다. 이러한 현상에 대한 그동안의 정책은 재벌구조의 근본적 원인에 대한 정책이라기보다 겉으로 드러난 현상을 치유하려는 성격이 강하였다. 재벌의 문어발식 다각화와 중복·과잉 투자를 규제하기 위하여 도입된 업종별 진입·투자 규제(개별산업 관련법령, 여신관리제도 등에 근거), 업종전문화 유도시책, 소유분산 유도시책, 계열사 분리 유도 등은 모두 겉으로 드러난 현상을 억제함으로써 정부가 원하는 변화를 유도하려는 대증요법의 성격이 강한 정책들이다.

그러나 정부의 노력에도 불구하고 문어발식 다각화, 소유집중, 그룹식 경영 등이 변하지 않는 이유가 있다면, 우리 경제의 인센티브 구조가 그렇게 되어 있기 때문일 것이다. 빠르게 성장하는 경제에서 새로이 출현하는 시장과 보호된 시장의 이윤기회, 전문화하기에 협소한 내수시장 규모, 기술능력의 한계 등이 다각화의 근본적 원인일 것이다. 또한 요소시장의 불완전성을 극복하고자 재벌은 금융기업을 갖게 되며, 언론을 소유함으로써 경영손실을 보상하는 경영외적 이득을 취하게 되었다. 한편, 직접금융시장이 제약되고 차입경영이 유리한 상태 하에서는 총수 스스로가 원치 않는 소유분산이 결코 이루어질 수 없었던 것이다. 그룹 내 구조조정을 얼마나 신속하게 하느냐에 따라 그룹의 성장이 결정되므로, 계열사 간 자원재배분을 용이하게 하는 그룹식 경영을 포기하지 않게 된 것 또한 자명하다. 따라서 재벌과 관련된 특정 현상에 대하여 그것이 왜 문제인가를 규명하고 과거 우리 경제의 여건이나 정부의 정책운용 경험에 비추어 그 원인을 정확하게 설명하려는 노력만이 올바른 처방을 보장할 수 있을 것이다.

2. 재벌과 경제력집중 : 겉으로 드러난 현상

(1) 재벌집중도의 추이

재벌이 국민경제에서 차지하는 비중은 전 산업을 기준으로 볼 때 1989년 5대 재벌의 부가가치는 9.2%, 30대 재벌의 부가가치는 16.3% 정도를 차지한 것으로 나타난다(정병휴·양영식, 1992, 32면). 〈표 1〉에서와 같이 재벌에 의한 경제력집중은 70년대에 급속히 증가하였는데, 광공업부문만 볼 때 70년대 이래 계속 증가하여 〈표 2〉에서 보듯이 80년대 중반까지 증가하다가 그 이후 하락하였다. 이러한 변화추이는 출하액, 부가가치, 유형고정자산의 경우에서 사소한 차이는 있지만 공통적으로 나타나는 현상이며, 고용의 경우에만 80년대에 걸쳐 전반적으로 그 비중이 감소하는 추세를 나타낸다.

〈표 1〉 재벌에 의한 경제력집중(부가가치 기준 기업집단집중도) : 1973~81

(단위:%)

재벌수	전체 GDP									제조업[1]		
	73	74	75	76	77	78	79	80	81	73	75	78
5대	3.5	3.8	4.7	5.1	8.2	8.1	-	-	-	8.8	12.6	18.4
10대	5.1	5.6	7.1	7.2	10.6	10.9	-	-	-	13.9	18.9	23.4
20대	7.1	7.8	9.8	9.4	13.3	14	-	-	-	21.8	28.9	33.2
46대	9.8	10.3	12.3	12.3	16.3	17.1	16.6	19.5	24	31.8	36.5	43

주 : 1) 표에 수록된 제조업부문의 기업집단집중도 추정치는 〈표 2〉와 차이를 나타내는데, 이는 추계방법과 범위의 차이에 기인함.

자료 : 사공일, 1993.

〈표 2〉 기업집단집중도 : 광공업부문, 30대 재벌

(단위 %)

	77	78	79	80	81	82	83	84	85	86	87	88	89	90
출하액	32.0	34.1	35.2	36.0	39.7	40.7	39.9	40.3	40.2	37.7	36.8	35.7	35.2	35.0
부가가치	29.1	-	-	-	30.8	33.2	31.6	33.5	33.1	32.4	31.9	30.4	29.6	30.0
유형고정자산	-	-	-	-	36.7	37.2	37.1	40.3	39.6	39.1	37.9	37.3	35.3	32.2
고용	20.5	-	-	-	19.8	18.6	17.9	18.1	17.6	17.2	17.6	16.9	16.6	16.0

자료 : 공정거래위원회.

재벌이 국민경제에서 차지하는 비중, 즉 재벌집중도는 재벌이라는 집단의 구성원(계열회사)이 소유·지배관계의 변화와 사업다각화에 따라 항상 변할 수 있다는 점에 주의하면서 분석되어야 한다. 총수가 사망하여 일부 계열사가 독립하거나 사업확장을 위하여 법인을 신설 혹은 타기업을 인수하는 등 소유·지배·다각화의 변화는 재벌의 울타리를 새로이 규정하는 것이며, 〈표 2〉와 같은 통계수치는 이러한 모든 변화를 반영한 것이다. 즉, 재벌의 국민경제적 비중은 단순히 개별시장집중도(예컨대 상위 3사 집중도)나 대기업의 일반집중도(예컨대 100대 기업 집중도)와는 다른 개념이며, 결국 우리 경제에서 기업 간의 지배관계가 얼마나 집중화되어 있느냐에 따라서 결정된다. 대규모 공기업의 민영화에서 재벌이 공기업을 인수한다면 이와 같은 지배관계의 갑작스러운 변화는 재벌집중도를 급격히 증가시킬 수 있다.

이러한 점에서 〈표 3〉의 100대 기업 일반집중도는 재벌집중도와 본질적으로 다른 통계인데, 재벌집중도와는 달리 80년대 전반에 걸쳐 감소한 추세를 나타내다가 1990년에 소폭 증가하였다. 선진자본주의의 경험을 볼 때 우리나라의 일반집중도가 특별히 높은 수준은 아니다. 그러나 대기업 간 인수·합병과 같은 지배권의 변화는 일반 집중도에도 큰 영향을 미칠 수 있으며, 이는 향후 우리나라에서도 주목할 만한 현상이다.

〈표 3〉 광공업부문의 100대 기업 일반집중도

(단위:%)

	1981	1985	1987	1988	1989	1990
출하액	46.2	43.4	38.5	38.1	37.2	37.7
부가가치	40.6	39.0	36.5	34.9	33.5	35.1
유형고정자산	48.1	42.9	41.8	40.9	39.2	40.8
고용	19.1	17.5	16.3	16.1	15.5	-

자료 : 공정거래위원회.

(2) 업종전문화 혹은 업종다각화

60~70년대를 지나 80년대에 이르러 우리나라 재벌의 업종다각화는 외국기업과 비교할 때 비관련 다각화의 비중이 매우 높은 방향으로 이루어진 것은 분명한 사실이다. 실제로 다각화 정도의 국제비교에 따르면 우리의 경우 선진국과 비교할 때 비관련형 다각화의 비중이 매우 높은 것으로 나타난다.

업종다각화는 기존 계열기업의 사업영역 확대를 통하여 이루어진 경우도 있으나 대부분 계열기업의 신설을 통하여 이루어졌는데, 공정거래법에 의하여 지정된 대규모 기업집단의 계열기업은 〈표 4〉와 같다.

〈표 4〉 대규모 기업집단의 지정내역

	87	88	89	90	91	92	93	94	95
대규모 기업집단수	32	40	43	53	61(30)	78	30	30	30
계열회사수	509	608	673	798	915(561)	1,056	604	616	623

주 : 대규모 기업집단은 1987년 4월 1일부터 지정되기 시작함(1992년 4월 1일 지정기준 변경 : 자산총액 4,000억 원→자산총액 1~30위), 소속회사가 전부 금융·보험회사 인 기업집단과 금융·보험회사, 정부투자기관 또는 증권거래법상 공공적 법인이 동일인으로서 지배하는 기업집단은 대규모 기업집단 지정에서 제외(시행령 제17조).
자료: 공정거래위원회.

30대 재벌이 영위하는 업종수는 한국표준산업분류(KSIC) 2단위 기준으로 1991년의 17.9개에서 1994년에는 19.9개로 증가했는데 다각화 정도가 높다는 증거는 쉽게 구할 수 있다. 특히 상위 5대 재벌의 경우 〈표 5〉에서 보듯이 계열사수는 평균 40개를 상회하고 영위업종 또한 30.4개에 달한다.

〈표 5〉 재벌의 계열기업과 영위업종수

	5대	현대	삼성	대우	LG	선경	30대
계열기업[1)]	210	49	50	25	53	33	616
금융계열기업[2)]	20	5	5	2	6	2	64
영위업종수[3)]	30.4	36	34	27	32	23	19.1

주 : 1) 1994년 6월, 2)1993년 4월, 3)1993년 2단위 KSIC 기준.
자료 : 공정거래위원회.

(3) 소유·지배·경영 구조

우리나라 재벌기업의 소유권 집중은 〈표 6〉에서 보듯이 매우 높은 것이 사실이며, 이는 지배권(경영자를 임명하는 등 기업 전반에 대한 실질적인 권한)의 집중을 초래하고 있다.

〈표 6〉 30대 기업집단의 내부지분율

(단위:%)

	83.9	87.4	89.4	90.4	91.4	92.4	93.4	94.4	95.4
30대	57.2	56.2	46.2	45.4	46.9	46.1	43.4	42.7	43.3
(가족지분율)	(17.2)	(15.8)	(14.7)	(13.7)	(13.9)	(12.6)	(10.3)	(9.7)	(10.5)
(계열회사지분율)	(40.0)	(40.4)	(32.5)	(31.7)	(33.0)	(33.5)	(33.1)	(33.0)	(32.8)
5대	-	60.3	49.4	49.6	51.6	51.9	49.0	47.5	-
(가족지분율)	-	15.6	13.7	13.3	13.2	13.3	11.8	12.5	-
(계열회사지분율)	-	44.7	35.7	36.3	38.4	38.6	37.2	35.0	-
현 대	81.4	79.9	-	60.2	67.8	65.7	57.8	61.3	60.4
삼 성	59.5	56.5	-	51.4	53.2	58.3	52.9	48.9	49.3
대 우	70.6	56.2	-	49.1	50.4	48.8	46.9	42.4	41.4
L G	30.2	41.5	-	35.2	38.3	39.7	38.8	37.7	39.7

주 : 각 계열기업, 각 기업집단의 자본금을 이용한 가중평균임.
자료: 공정거래위원회.

30대 재벌의 경우 평균적으로 10.5%라는 가족지분율이 32.8%라는 계열회사지분율과 결합하여 43.3%의 높은 '지배권 집중'을 나타내며 이것이 우리나라의 기업소유 집중의 핵심적인 현상이다. 이러한 구조하에서 소유집중은 우리나라 대기업집단의 '오너'에 의한 지배·경영 구조, 즉 '오너' 경영을 고착시키고 있다. 〈표 6〉에서 일부 나타나듯이 1987년 이후 공정거래법상 출자규제제도가 도입되어 법정시한인 1992년 4월까지 출자한도 초과액을 해소함에 따라 이 기간 동안 계열회사지분율을 낮추는 데 기여했으나, 기업성장에 따라 출자여력은 계속 확대되므로 더 이상 계열회사지분율을 감소시키는 것은 한계가 있다.

소유분산, 전문독립경영 등이 궁극적인 정책목표로 인식되는 상황은 그 이유가 분명하지 않은 가운데 불필요한 오해를 야기하고 있다. 43.3%(30대 재벌, 1995. 4)의 내부지분율이 재벌계열사의 지배권을 획일적으로 총수 1인에게 집중시키는 것은 사실이나, 소유분산의 적정수준이 존재하지 않는 상태에서 무엇을 추구하기 위한 소유분산인지 의문이 제기된다. 또한 전문경영(소유·경영의 분리) 대 '오너' 경영, 독립경영 대 그룹식 경영 등은 생존위협에 직면한 기업의 선택 문제이며, 정책사항이 될 수 없기 때문에 정부가 효율성 차원에서 일정한 경영구조를 유도하는 것이 과연 바람직한가에 대해서도 의문이 제기되는 것이다.

당초 7차 계획에서 소유분산이 재벌정책의 새로운 과제로 등장한 배경은 '법대로 한다'는 징세행정의 개혁이 요청되었기 때문이다.

〈표 7〉 30대 재벌의 공개현황

(연말 기준)

		1983	1991	1993	1994	1995
계열기업		-	561	604	616	623
공개기업		-	161	167	164	172
공개비율(%)	•기업수	14.0	28.7	27.7	26.6	27.6
	•자본금	44.8	-	56.8	56.9	63.1

자료 : 공정거래위원회.

따라서 재벌의 상속·증여에 대해서는 국세청, 증권감독원, 공정거래위원회 등이 공동으로 특별관리체계를 상설하여 징세행정의 고질적 문제를 해결할 필요가 있을 것이다. 〈표 7〉과 같이 기업공개가 부진하므로 기업공개, 주식-부채전환과 같은 소유분산 시책을 계획적으로 추진하는 것은 보완적인 기능을 담당할 뿐이며, 이러한 시책이 소유분산을 무리하게 추진하는 수단이 될 수는 없다.

3. 효율성 차원의 이해

재벌이슈에 대한 논의가 항상 혼란스러운 것은, 이를 문제삼는 기준은 자유롭고 다양하게 표출된 반면, 문제인식과 처방에 대한 논리는 어떤 기준하에서도 명쾌하지 못하기 때문이다. 사실 거대기업(giant firms)과 경제력집중이 나타나는 현상, 또는 이에 수반되는 여러 문제점은 유독 한국 경제에만 고유한 것이 아니다. 그 역사적 시점을 달리할 뿐, 오늘날의 선진자본주의라면 경제 전반에 걸친 경제력집중을 경험해 왔고, 국가는 어떤 식으로든 경제력집중의 문제를 치유하려고 노력해 왔다(미국의 '트러스트', 독일의 '콘체른', 일본의 재벌).

따라서 한국 재벌의 본질은 자본주의의 진화과정에서 나타나는 대기업의 일반적 특성과 무관하지 않다. 그러나 한편으로 한국 재벌의 특성은 지난 수십 년 동안 압축성장 과정에서 겪은 경험으로 설명될 수 있다. 이 경험 중 일부는 자본주의 경제의 일반적 특성에 해당하지만, 그 대부분은 우리 경제가 선택했던 성장전략과 무관하지 않다. 산업과 금융에 대한 국가의 강력한 조정권한 하에서 압축성장의 전략은 불균형을 감수하는 것이었으며, 그러한 불균형은 오늘날 재벌의 모습에서도 그대로 나타나고 있다. 상식적으로 보기에도 '과도'한 소유·지배권의 집중, '과도'한 사업다각화, 이것이 결합하여 나타나는 재벌의 높은 국민경제적 비중 등은 불균형의 단면들이다. 또한 압축성장은 발전단계를 건너뜀으로써 불가피하게 취약한 부문을 남겨 두는 결과를 초래하는데, 금융, 중소기업, 기술 등이 대표적인 낙후분야이다.

이렇게 볼 때 재벌과 경제력집중의 문제를 규명하는 작업은 자본주의의 본질과 우리 경제성장의 과거로부터 자유로울 수 없다. 또한 문제가 있더라도 그중에는 자본주의와 성장전략의 큰 줄기를 포기하지 않는 한, 감내해야 할 부분도 있을 것이다.

재벌이슈의 복합성으로 볼 때 무엇이 왜 문제인가를 밝히려면 경제적 효율성, 분배적 형평성, 공정성, 정당성 등의 기준이 일차적으로 고려되어야 하지만, 때로는 정부 대기업 관계에서 재벌의 진정한 폐해를 종합적으로 판단할 필요가 있다.

그러면 재벌은 과연 비효율적인가? 이는 아마도 재벌과 관련하여 가장 큰 혼란을 야기하는 의문일 것이다. 재벌계열사들이 대부분 우리 경제를 대표하는 대기업이기 때문에, 경제가 상대적으로 불황기에 처할 때마다 재벌은 비효율과 경쟁력 약화의 주범으로 인식되는 경향이 있다. 1989~93년 동안 언론, 정부, 학계 일각에서 제기한 소위 경쟁력 위기론은 성장과 수출부진의 원인을 재벌의 비효율과 경쟁력 약화에서 찾으려 했다. 즉, 1986~88년 3저 호황기에 축적한 잉여능력을 합리화, 부품·소재의 발전, 기술개발을 위한 투자에 사용하지 않고 문어발식 다각화와 부동산투기 등에 사용했다는 것이며, 이는 재벌이 경쟁력 강화보다는 지대추구에 몰두하기 때문이라는 것이다. 성장이 회복추세를 나타내자 이러한 비판이 사라진 것은 물론이다.

그러나 '재벌이 재벌이기 때문에 비효율적인가?'를 규명하기 위해서는, 첫째 장기적 관점에서 타당한 비교기준을 설정할 필요가 있고, 둘째 재벌이라는 기업조직의 특성인 사업다각화, 소유집중, 지배·경영권의 집중 등이 과연 비효율의 구조적 원인이 되었는가를 살펴보아야 할 것이다.

(1) 생산성, 수익성과 시장점유율

기업의 효율성이란 최고 수준(best practice)에 어느 정도 근접한가를 판단하는 기준으로서, 효율성을 달성하는 힘이 곧 경쟁력이다. 현실에서는 최고 수준의 비교대상을 어디서 구하느냐(즉, 벤치마킹)에 따라서 효율성과 경쟁력에 대한 평가가 좌우됨은 물론이다. 한편 효율성을 직접 측정하기 어려운 사정 때문에 효율성의 결과일 것으로 판단되는 생산성과 수익성 지표가 동원되기도 한다.

어쨌든 국내에 국한하여 대규모 재벌의 생산성과 수익성을 평가한 많은 연구결과에 따르면, 재벌기업은 비재벌기업에 비하여 평균적으로 생산성, 수익성이 다소 높지만 이러한 차이가 뚜렷한(통계적으로 유의한) 것은 결코 아니며, 중요한 점은 재벌의 경우 생산성과 수익성이 훨씬 높은 산업이 다수 존재하는 한편, 그 반대의 경우도 다수 존재한다는 것이다(〈그림 1〉 참조). 즉, 생산성과 수익성에 관한 한, 재벌이 특별히 효율적이거나 비효율적이라는 증거는 없다.

그러나 동태적·장기적 관점에서 효율성과 경쟁력을 설명하는 타당한 기준은 사후적으로 실현된 시장점유율이며, 이 기준에 따르면 오늘날 우리 경제를 대표하는 재벌의 핵심기업들은 국내시장과 수출시장에서 시장점유율을 꾸준히 확대해 왔다. 물론 재벌에 따라서는 시장점유율의 확대 추세에 기복이 있었으나, 우리 경제의 구조조정을 선도해 왔던 재벌일수록 국내시장과 수출시장에서 점유율을 확대해 왔던 것은 분명하며, 이는 곧 재벌의 성장과 경제력집중을 의미하기도 한다. 이 와중에서 한때 급성장했던 일부 대기업은 급속한 구조조정에서 낙오된 결과 성장이 중단되거나 퇴출, 인수된 경우도 있었다(〈표 8〉 참조).

〈그림 1〉 비재벌 재벌 효율성 격차의 산업 수 분포

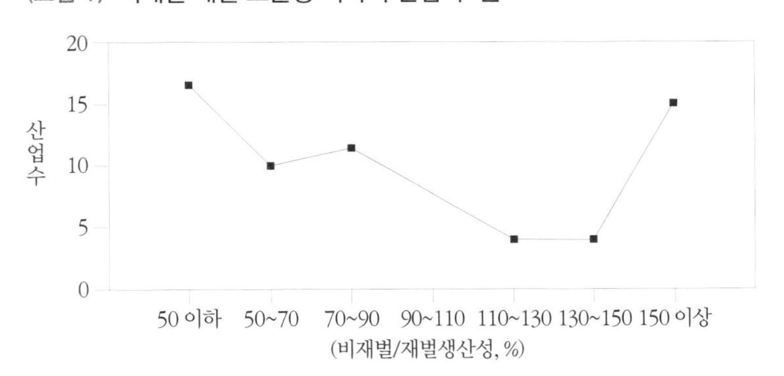

주 : 68개 산업, 500인 이상 사업체 비교,
자료 : 이재형·유승민(1994).

〈표 8〉 시대별 10대 재벌

60년대	1976년	1979년	1987년	1994년
삼성	삼성	현대	현대	삼성
삼호	럭키	럭키	삼성	현대
개풍	한진	삼성	럭키	LG
대한전선	신진	대우	대우	대우
락희	쌍용	효성	선경	선경
동양시멘트	현대	국제	쌍용	쌍용
극동해운	대한	한진	한화	한진
한국유리	한화	쌍용	한진	기아
동립산업	극동	한화	효성	한화
태창방직	대농	선경	롯데	롯데

자료 : 한국경제연구원, 1995, 88면 ; 공정거래위원회.

시장점유율의 확대와 기업성장을 동태적인 경쟁력이라고 이해할 때, 재벌은 분명히 강점을 가지고 있는 것으로 평가된다. 그러나 재벌의 이러한 동태적 경쟁력을 순수한 효율성과 결부시키기에는 무리가 따른다. 재벌의 강점에는 순수한 효율성에 더하여, 과거 우리의 산업환경에서 재벌이라는 기업조직이 가졌던 강점과 산업·금융에 대한 막강한 조정권한을 가졌던 정부와 원만한 관계(특혜적 지원·보호를 받는 정경유착관계)를 유지하는 적응능력이 뒤섞여 있기 때문이다. 그중에서도 재벌이라는 기업조직의 강점은 내부화 전략을 통하여 시장의 불완전성을 어느 정도 극복하는 장치로서의 기능을 말한다. 재벌은 금융시장, 노동시장, 기술시장, 경영자시장 등이 제대로 작동하지 않았던 우리 경제의 문제를 소위 '내부화'를 통하여 해결하려 했으며, 그 성과는 신속하고 성공적인 구조조정이었다. 즉, 재벌은 산업구조 조정까지 내부화했던 것이다.

그러나 내부화에도 비용이 따른다. 재벌의 입장에서는 부실화된 계열사를 내부보조를 통하여 살려 둔 결과, 끝없이 첨단을 지향하면서도 부양가족은 늘어만 가는 문제가 있었고, 이는 결국 내부화를 통한 산업구조 조정이 완벽하지 못했음을 뜻한다. 국민경제의 차원에서도 한계계열사에 대한 내부보조는 자원의 적정배분과는 거리가 있었으며, 재벌이 그룹 내부거래 등 조직의 힘을 이용하여 효율적인 경쟁사업자를 배제할 경우에도 이러한 경쟁제한행위는 국민경제가 부담하는 비용으로 나타났다.

요컨대 오늘의 재벌은 생산성과 수익성의 측면에서 항상 우월한 성과를 나타내지는 않지만, 내수와 수출에서 그들의 시장점유율이 확대된 것은 이들이 분명 동태적 경쟁력을 가지고 있음을 나타낸다. 그러나 이러한 경쟁력은 순수한 경제적 효율성의 결과이기보다는 재벌이라는 조직이 내부화를 통하여 시장의 불완전성을 극복하고 구조조정을 신속히 수행하였다는 강점을 반영하는 동시에 정부의 특혜에 접근하는 능력의 결과이기도 하다. 이렇게 볼 때 경제적 비효율이나 경쟁력 저하를 이유로 재벌을 규제할 이유는 없겠으나, 내부화의 국민경제적 비용을 줄이고 재벌의 지대추구활동을 방지하는 정책이라면 국민경제적으로 더욱 소망스러운 결과를 보장할 것이라는 시사점은 얻을 수 있다.

(2) 업종다각화 대 업종전문화

다각화 대 전문화의 논쟁은 그동안 우리가 보아 왔던 재벌 논쟁의 중요한 축을 이루고 있다. 이러한 논쟁의 단면을 살펴보기 위해 언론에 게재되었던 글을 소개한다. 먼저 〈인용문 1〉은 삼성그룹의 승용차 신규진입이 중요한 현안과제로 부각되었던 1994년 말 재벌의 문어발식 다각화와 이를 '미화(美化)'하는 시장의 논리를 경계하는 일부 언론의 입장을 소개하고 있다. 한편 〈인용문 2〉는 최근 통상산업부의 업종전문화 시책 강화 움직임에 대하여 업종전문화는 정책의 대상이 아니라 기업이 결정할 몫임을 주장하는 일부 언론의 시각을 소개하고 있다. 물론 이 두 가지 인용문은 재벌의 다각화와 전문화에 관한 수많은 논쟁의 일부에 불과하며 각각 다각화와 전문화의 논리를 대표하는 글은 아니다. 그러나 재벌의 다각화에 관한 한 우리 사회 내에서 시각의 차이가 얼마나 현격한지를 대조적으로 보여 주고 있는 좋은 예라고 생각된다.

〈인용문 1〉

'문어발'이 미화되는 시대

'보이지 않는 손'에 대한 믿음과 실망은 한 시대의 산업 정책에 그대로 투영된다. '정부의 실패'나 '시장의 실패'를 경험한 뒤 때로는 한쪽으로 너무 치우친 반동적 정책이 나와 산업에 지울 수 없는 상처를 남기기도 한다. 과도한 규제를 비롯한 정부개입 실패에 대한 반성이 기업의 효율에 대한 과신으로 바뀌면서 기업 자유경쟁 지상주의가 기승을 부리고 있다. 정부와 공기업은 비효율의 상징이며 예측능력도 없는 기구이니 시장기구에 모든 걸 넘기라는 것이다. 산업에 대한 최소한의 정부개입도 경쟁력을 약화시킬 뿐이라고 매도된다.

삼성의 승용차사업 진출 노력은 이런 시대상황 속에 빠르게 지지기반을 넓혀가고 있다. 더 정확하게 표현하면 삼성은 이런 분위기를 연출하고 만들어 간다. 그룹의 역량을 총동원해 언론계와 정계 등 여론주도층을 파고든다. 삼성의 우군은 많다. 대학교수와 국책연구기관 박사 몇 명이 업종전문화정책을 비판하면서 진입자유화 논리를 펴는가 했더니, 상공부 국정감사에서는 다수의 여당 의원이 승용차 신규진입에 반대하는 상공부장관을 호되게 몰아세웠다.

업종전문화를 유도하기보다는 적정한 다각화를 추구할 수 있도록 시장여건을 조성해 나가야 한다는 주장은 원론적으로 옳다. 그러나 4대 재벌의 경우 하지 않는 업종을 대보라고 하면 대답이 궁할 정도로 영위업종이 많다. 적정 다각화를 하려면 오히려 수십 개의 기업을 처분해야 할 형편이니 그것이 신규진입 허용논리가 될 수는 없다. 삼성은 그룹을 5개 주력부문으로 나눠 부문별 회장을 두고 일부 비주력기업을 정리해 문어발에 대한 비판여론을 희석시키려는 듯하다. 부문별 회장제는 럭키금성이 이미 실시하고 있지만 문어발 해소와는 거리가 멀다.

한국개발연구원과 기획원은 계열기업에 대한 출자총액과 채무보증 등을 제한하는 공정거래법을 만병통치약처럼 생각한다. 공정거래법은 강화돼야 하지만 출자총액한도는 5년 뒤에나 맞추면 되는 것이어서 그것이 당면한 업종 전문화 문제의 해결수단이 되기에는 너무 멀다. 또 경쟁을 통해 산업경쟁력을 강화해야 한다는 논리를 펴고 있으나 지금의 재벌체제로는 공정경쟁 자체가 불가능하다.

삼성이 계열 금융기관은 물론 수많은 계열사와 18만 삼성인을 동원해 승용차사업을 지원하면 승용차 기술이 훨씬 많이 축적된 전문기업이 나가떨어지게 돼 있다.

삼성은 부산을 공장 후보지로 정하고 지역이기주의를 부추김으로써 정치 논리까지 불러들였다. 거대도시 부산에 금융·정보 산업을 비롯한 서비스업이나 경박단소형의 첨단산업이 아닌 자동차공장을, 그것도 평당 수십만 원의 땅값을 치르고 세우겠다는 발상 자체가 경제논리에 맞지 않는다.

기아의 소하리 공장도 벌써 도시발전을 저해하는 장애물이 되고 있다. 도요타자동차는 나고야시에서 뚝 떨어진 곳에 공장을 지어 도요타시를 형성하고 있다. 지역이기주의와 정치적 배려가 결합돼 산업정책과 입지가 결정될 경우 대통령 출신 지역에는 늘 대형공장이 들어서는 꼴을 보게 될지도 모른다.

정권은 유한하고 재벌은 무한한 것이라면, 더욱이 정책 당국자가 수시로 바뀌는 게 우리의 현실이라면, 재벌이 최후의 승리자가 될 가능성이 크다. 정부 당국자들이 함구하고 있는 사이에 재벌의 '감추어진 손'은 맹렬히 움직이고 있다. 문어발이 미화되는 시대에 우리는 살고 있는 것이다.

– 《한겨레신문》, '경제프리즘', 1994년 10월 27일

〈인용문 2〉

업종전문화는 기업 몫이다.

통상산업부는 재벌의 문어발 확장을 억제하고 몇몇 분야에서 전문성을 높이기 위한 업종전문화 시책을 계속 추진하되 업종전문화에 부응하는 투자에 대해서는 인센티브를 더 주는 방안을 검토하고 있는 것으로 알려졌다. 예를 들어 비주력기업이 주력기업에 투자를 하는 경우 출자총액제한 예외인정기간을 늘리는 등으로 공정거래제도를 개선함으로써

재벌의 업종전문화를 유도하겠다는 것이다.

정부가 기업의 업종전문화에 강한 의욕을 보이고 있는 것 자체를 비난할 생각은 없다. 경제력집중과 같은 부작용 면에서도 그렇고 지금과 같은 무한 경쟁을 극복하기 위해서도 재벌들이 여러 업종에 걸쳐 문어발식 경영을 하는 것보다는 몇몇 업종에 특화하는 것이 유리하다는 것을 부인치 않는다. 그러나 정부가 이미 실효성이 없는 것으로 드러난 업종전문화 시책을 계속 고집하는 것은 기업활동을 규제하려는 의도로밖에 비치지 않는다는 것을 지적하지 않을 수 없다. 업종전문화를 위해 인센티브를 더 주겠다는 것은 뒤집어 말하면 출자총액제한과 같은 시대착오적인 규제를 계속 유지하겠다는 것과 같은 얘기이다. 틈만 나면 규제 완화를 강조하고 심지어 규제개혁을 다짐하는 정부가 세계 어느 나라에도 없는 출자총액제한과 같은 악성 규제를 계속 틀어쥐고 있겠다는 것은 앞뒤가 맞지 않는다.

물론 재벌의 문어발 확장과 이에 따른 경제력집중 문제를 방치해도 된다는 뜻은 아니다. 그렇다고 언제까지 전근대적인 규제망을 쳐놓고 정부가 인위적으로 업종전문화를 시킨다며 재계와 줄다리기를 계속할 수도 없는 노릇이다. 그것은 실효성도 없는 일을 놓고 서로 마이너스 게임을 벌이는 것이나 다름없으며 국민경제적으로 득보다 실이 더 많을 수밖에 없다. 지금은 국경 없는 무한경쟁 시대이고 따라서 가장 시급한 과제는 경쟁력을 높이는 일이다. 국내기업이든 외국

기업이든 누구나 자신만 있으면 어느 업종이든 할 수 있는 그런 여건을 맞고 있기 때문이다. 이런 상황에서는 누가 무엇을 해야 된다는 당위론이 아니라 누가 더 잘할 수 있느냐가 경쟁에서 승패를 좌우하게 된다. 정부가 인위적으로 업종 전문화를 시킨 기업과 업종이라고 해서 반드시 경쟁에서 살아남고 세계 일류기업으로 성장할 것이라는 보장은 없다.

거듭 강조하지만 한 우물을 파건 여러 우물을 파건 그것은 기업이 알아서 할 일이다. 정부가 이래라저래라 할 성질의 일이 아니다. 꼭 경제력집중 문제를 해결하고 싶으면 내부거래 투명성 제고를 위한 공정거래제도 강화와 같은 다른 방법을 강구하면 될 것이다. '자율과 창의'라는 신경제 이념을 창달하기 위해서는 먼저 정부가 할 일과 기업이 할 일을 제대로 구분하는 것에서부터 출발해야 한다.

-《매일경제신문》, '사설', 1995년 12월 27일

그러면 과연 전문화는 좋고, 다각화는 나쁜가? 관련다각화는 좋고, 비관련다각화는 나쁜가? 재벌은 경쟁력 강화를 위하여 전문화해야 하는가? 이러한 의문은 재벌이슈와 관련하여 끊임없이 제기되어 왔고, 과거 정책당국은 '전문화=경쟁력 강화', '문어발식 다각화=비효율'이라는 등식을 신봉한 나머지 업종전문화 유도시책이 정책 유행(policy fashion)으로 등장하였다. '세계 일류기업과 경쟁하기 위하여'라는 조건을

내세우면서 업종전문화는 공리(公理)로 인식되기에 이르렀다. 과연 그러한가?

기업의 다각화와 전문화 중 무엇이 효율적인 것이며 경쟁력에 도움이 되는가 하는 문제에서 경제이론은 크게 도움이 되지 못한다. 다각화가 좋다는 논리도 있고 전문화가 좋다는 논리도 있다. 이쪽의 장점은 저쪽의 단점이기 때문이다. 다각화의 경우 산업 포트폴리오(즉, 업종의 다양한 구색)에 따른 '위험관리'의 가능성과 경기변동에 대한 강점이 지적된다. 산업구조 조정에 따른 기업 차원의 구조조정 필요성, 소위 시너지(synergy)의 활용 등도 다각화의 논리로 동원된다. 반면 전문화는 기본적으로 '한 우물을 판다'는 '심화(deepening)'의 논리로서, 잉여능력의 '집중'이 경쟁력을 강화한다는 것이다. 흔히 지적하는 '규모의 경제'가 전문화의 논리라면, 범위의 경제는 다각화의 논리이다. 이렇게 본다면 경제이론에 근거한 사전적인 해답이란 있을 수 없다.

현실세계에 있어서도 뚜렷한 결론은 없다. 업종전문화 신봉자들이 내세우는 세계 일류기업 중에도 다각화된 기업과 전문화된 기업의 사례는 얼마든지 있다. 필립 모리스(Philip Morris)는 다각화된 기업이고 코닥(Kodak)은 상대적으로 전문화된 기업이다. 브리티시 스틸(British Steel)은 전문화된 기업인데 같은 제철회사인 신일본제철은 다각화를 적극 추진하고 있다. 국가에 따라, 시대에 따라, 산업에 따라, 많고 적음의 차이는 있으나 다각화된 일류기업과 전문화된 일류기업의 사례는 많다. 따라서 이러한 일화적 증거(anecdotal evidence)를 통하여 우리나라 대기업의 진로를 모색하는 노력이 무슨 의미가 있겠는가?

다각화와 전문화의 개념은 상대적인 것이며, 그 논리와 사례가 이처럼 다양하다면 그 결정은 기업의 최고경영자가 알아서 할 일이라고 보는 것이 옳다. 그럼에도 불구하고 재벌의 다각화 대 전문화의 논쟁에서 발견되는 이해의 부족을 지적하고 시사점을 도출함으로써 재벌정책의 중요한 일부를 바로잡을 필요가 있다.

우선 우리나라 재벌의 업종다각화를 외국의 대기업과 비교해 볼 때 비관련다각화의 비중이 매우 높은 것은 분명한 사실이다. 재벌의 다각화는 기존 계열사의 사업영역 확대를 통하여 이루어진 경우도 있으나 대부분은 계열사의 신설을 통하여 이루어졌는데, 30대 재벌의 계열사 수는 1970년에 126개였으나 1995년에는 623개로 증가했다.

그러나 재벌의 계열사, 영위업종의 수와 같은 단순한 지표는 다각화의 실체를 파악하는 데 큰 도움이 되지 못한다. 재벌이 다각화를 추구하기 위하여 아무리 계열사를 신설하고 영위업종을 늘리더라도 모든 산업에서 성공이 보장되는 것은 아니다. 삼성의 50개 계열사, 현대의 49개 계열사, LG의 53개 계열사, 대우의 25개 계열사, 선경의 33개 계열사(1994년) 중에서도 그룹 매출액의 대부분을 차지하는 것은 일부 소수의 계열사와 소수의 업종뿐이며, 이러한 점에서 재벌이 과도하게 다각화되어 있다는 주장은 그만큼 평가절하되어야 한다.

삼성의 경우 삼성전자, 삼성물산, 삼성생명보험 3사가 그룹 전체에서 차지하는 매출액 비중이 67%, 현대의 경우 비교적 제조업에 고른 분포를 보이나 현대종합상사, 현대자동차, 현대중공업, 현대자동차서비스, 현대건설 5사의 매출액 비중이 70%, LG의 경우 LG상사, LG전자, LG반도체, 호남정유, LG화학 5사의 매출액 비중이 62%, 대우의 경우 (주)대우, 대우자동차, 대우전자, 대우중공업 4사의 매출액 비중이 85%를 각각 차지하고 있는 것이다(1994년). 더구나 그룹에서 차지하는 소수의 정예계열사와 정예업종의 비중이 감소하지 않고 오히려 증가하는 추세에 있다는 사실은 그동안 계열사와 영위업종의 수가 증가했음에도 불구하고 실제로는 전문화가 진행되고 있음을 의미한다.

이러한 통계적 해석이 아니더라도 재벌의 다각화·전문화는 단일 지배권하에 놓인 재벌의 울타리를 상정하므로 지배권에 변화가 발생하면 다각화·전문화의 판정이 뒤바뀌는 취약한 개념이다. 즉 재벌의 다각화는 개별 계열기업 단위의 다각화가 아니라 기업집단의 다각화이므로 기업 차원에서는 그룹으로부터 지배권이 독립되는 순간, 전문화된다. 따라서 다각화·전문화의 구분에는 소유·지배·경영권에 대한 일정한 전제가 깔려있는데, 이는 재벌의 진화과정에서 항상 가변적인 것이다.

어쨌든 중요한 점은 단순히 외형적으로 관측되는 재벌의 '과도'한 다각화를 인정하더라도 다각화가 경제적 비효율과 경쟁력 저하를 야기한다는 증거는 없다는 것이다. 더욱 중요한 점은 다각화가 비효율적이라는 이유로 정부 등 제3자가 아무리 전문화를 강조하더라도 문어발식 다각화가 기업생존에 유리한 우리 경제의 구조적 여건이 변화하지 않는 한 재벌의 영역 확대는 계속될 뿐이라는 것이다.

이 같은 지적은 경제논리적으로 충분한 설득력을 가진다. 우리 경제에서 의미 있는 경쟁은 해외기업과의 경쟁(내수든 수출이든)이거나 대기업 간의 경쟁뿐인데, 전자는 생산자보호 위주의 개방시책에 의하여 제약되고, 후자는 진입·투자 규제와 같은 산업정책이나 대기업 간의 담합에 의하여 제약되므로 아직도 경제 전반에 걸쳐서 경쟁이 미약하다. 내수시장에서 경쟁은 미약하고, 이윤기회는 도처에 존재하며, 끝없는 성장욕구를 충족시키기에는 내수시장의 규모가 제약되어 있고, 특히 전문화에 승부를 걸만한 핵심기술 능력이 취약한 상태 하에서 재벌은 대외지향적인 경쟁력 제고와 대내지향적인 다각화를 동시에 추구할 수밖에 없다. 또한 금융과 같이 요소시장의 불완전성을 극복하고자 하는 다각화 유인이 있으며, 언론과 같이 비록 사업상 적자를 감수하더라도 다른 차원에서 더욱 큰 이득을 보장하는 다각화도 있다. 부동산 보유에 따른 이득이 클 경우에는 적자를 보더라도 법인을 계속 설립하는 것이 유리한 상황도 있었다.

진정한 개방이 지연된 상태에서 일부 산업에 대한 규제 완화에 따라 재벌의 상호영역 침투(자동차, 석유화학, 조선, 철강 등)와 중소 기업영역 침투(유통, 외식산업, 정수기, 보일러, 영상, 소프트웨어 등)가 동시다발적으로 진행되고 있는 현상은 재벌을 둘러싼 인센티브 구조로 볼 때 너무나 당연한 현상이다. 즉, 정부가 아무리 전문화를 유도하는 정책을 동원하더라도 다각화를 유혹하는 인센티브 구조가 바뀌지 않는 한, 재벌의 다각화 행태는 변하지 않을 것이라는 전망이 옳다.

최근 수년간 정부는 재벌의 업종전문화를 주장하지만, 재벌의 문어발식 다각화 행태는 바뀌지 않고 있으며, 전문화·다각화에 관한 정부와 기업의 시각대립은 좁혀지지 않고 있다. 1991년의 주력업체 제도, 1993년 이후의 주력업종제도의 본질은 재벌규제의 완화이며, 실질적인 전문화 효과는 없는 것으로 판명되고 있다. 여신관리와 출자규제의 완화가 필요하더라도 현재의 업종차별적 예외인정은 재고되어야 하며, 현재의 업종전문화 유도시책은 오히려 재벌 간 시장의 나눠먹기(분점화), 경쟁제한, 하향평준화를 야기하는 등 문제점이 심각하다. 또한 산업의 연관성과 시너지 효과의 존재를 정부가 판단하여 산업분류를 제시하는 어리석음을 범하고 있으며, 계열사 수 및 영위업종 수와 같은 취약한 지표로 다각화 정도를 측정하는 것도 문제라고 볼 수 있다.

마치 정부의 전문화 시책에 부응하듯이 최근 일부 재벌이 계열관계를 정리하여 소위 위성재벌이 등장하고 있으나, 다각화의 구조적 요인이 존재하는 한 모재벌과 위성재벌은 각각 다각화를 더욱 확대할 것이다. 따라서 정부는 우선 '다각화=비효율'이라는 고정관념에서 벗어날 필요가 있다. 앞서 〈그림 1〉에서 보듯이 비재벌과 재벌의 상대적 효율성은 산업에 따라 상반된 결과를 나타내므로 다변화의 비효율성에 관한 단정적 결론과 이에 근거한 정책수행은 그만큼 위험한 것이다.

그러나 앞서 재벌의 내부화에도 비용이 있었듯이 다각화에도 비용은 있다. 내부화, 다각화란 모두 수직형(소위 관련형) 혹은 혼합형 사업구조가 동일한 지배권 하에 놓인 상태를 전제하므로, 다각화가 재벌과 국민경제에 대하여 초래하는 비용은 내부화의 비용과 유사하다. 즉, 자원의 결집보다는 내부보조를 통한 자원의 분산이 소망스럽지 못한 경우가 있고, 위험의 공동부담(pooling)은 때로는 연쇄도산과 같이 위험의 확산으로 번질 가능성도 있으며, 그룹 내부거래 등에 근거한 경쟁제한의 가능성도 있다.

요컨대 재벌의 다각화 대 전문화의 논쟁이 효율성과 경쟁력에 관하여 분명한 결론을 제시하지 못하는 가운데, 우리경제의 인센티브 구조는 여러 측면에서 다각화를 심화시키는 방향으로만 작용하였다고 할 수 있다. 설령 다각화를 억제하는 정책이 있었더라도 다각화의 유혹이 워낙 강했기 때문에 현재와 같이 외국기업에 비하여 과도한 다각화가 초래된 것이다. 이러한 논리의 시사점은 분명하다. 재벌 스스로가 효율성과 경쟁력 강화에 도움이 되는 적정 다각화를 추구하도록 유도하려면, 그들이 당면한 인센티브 구조를 개선하는 것 만이 근본적인 처방이 될 것이라는 점이다.

재벌이 적정 다각화를 모색하도록 인센티브 구조를 바꾸려면 다양한 수단이 있을 것인데, 이것이 제대로 이루어진다면 다각화에 관한 한 효율성 차원의 시비는 사라질 것이다. 만약 인센티브 구조를 개혁하지 않고 겉으로 드러난 다각화를 억제해 보려는 대증요법적 정책이 있다면 이는 결국 다각화를 억제하지는 못하면서 규제에 따르는 다양한 폐해만 초래할 가능성이 크다. 그러나 재벌의 다각화가 효율성이 아닌 다른 이유로 바람직하지 못하다면, 이는 별개의 문제이며 직접적인 규제가 바람직할 경우도 있을 것이다. 금융의 안정성 차원에서 산업재벌과 금융 사이에 차단벽을 설치한다든가, 자본주의의 건전성 차원에서 재벌의 언론 소유·경영을 금지하는 등의 조치가 이러한 경우에 해당한다.

정부는 전문화·다각화에 대한 재계와의 소모적 논쟁을 중단하고 다각화의 근원이 되는 인센티브 구조를 개혁함으로써 국민경제적으로 바람직한 재벌의 적정 전문화 구조를 유도할 수 있을 것이다. 80년대 이래의 개방정책을 한 차원 높여 소비자 잉여를 중시하는 진정한 개방화를 과감하게 전개한다면, 재벌은 핵심산업에 전문화할 수밖에 없을 것이므로 수입선 다변화 폐지를 포함한 개방정책의 일정을 예시할 필요가 있다.

진입·투자 규제를 전면 폐지하더라도 대부분의 산업에서 중복·과잉 투자, 과당경쟁이 발생할 가능성은 희박하며, 오히려 여러 산업에서 재벌 간 경쟁이 촉진되어 각자 핵심능력 배양에 노력하는 전문화가 촉진될 것이다. 금융산업이 개방되면 재벌의 금융업 진출도 자제될 것이고 재벌의 금융지배에 따른 폐해와 현재의 금융전업군 논의의 타당성은 상당 부분 감소할 것이다. 언론소유와 같이 손실을 감수하는 다각화가 사회적으로 소망스럽지 않다면 최소한의 네거티브 리스트(negative list)를 작성하여 재벌의 진출을 금지할 수도 있을 것이다. 그러나 언론의 경우에도 광고시장의 개선과 같은 시장기능의 회복이 근본적인 치유책이 될 것이다.

다각화 인센티브가 충만한 과도기에는 출자총액 제한과 대출한도 관리라는 총량규제를 유지하되 시장왜곡 효과가 큰 예외조항은 최소화되어야 할 것이다. 여신관리를 축소하면서 대신 출자규제를 복잡하게 운영하는 것은 규제의 대체에 불과하다는 점에 유의해야 한다.

〈인용문 3〉은 일부 언론이 산업재벌이나 족벌의 지배하에 놓여 있음을 보도한 글인데, 만약 다각화에 대한 네거티브 리스트에 언론이 포함된다면 기존의 출자와 신규출자가 모두 규제되어야 할 것이다.

〈인용문 3〉

조선일보 주식 사주지분 90%, 한국, 경향, 문화는 99% 집중
– 동아·중앙도 '족벌지배' … 친인척, 재단, 계열사 나눠 소유

《조선일보》, 《중앙일보》 등 주요 일간지 사주의 주식소유 지분이 전체의 90%가 넘는 등 중앙 종합일간지 대부분이 특정 족벌 또는 대재벌의 소유로 드러났다. 7일 공보처가 국회 문체공보위 소속 박종웅 의원(민자)에게 국감 자료로 낸 중앙 일간신문사 주주구성 내역에 따르면 《조선일보》, 《한국일보》, 《경향신문》, 《문화일보》 등 4개 신문은 사주와 가족·친인척, 재단소유 주식 지분율이 90% 이상인 것으로 나타났다.(중략)

일간신문 주요 주주 내역

경향신문	김승연 49.98%, 한양화학 49%
동아일보	인촌기념회 24.14%, 김병관 0.87%, 김병건 6.79%, 김재호 6.25%
국민일보	순복음선교회 100%
서울신문	한국방송공사 49.93%, 재무부 49.91%
조선일보	방우영 30.14%, 방상훈 30.03%, 방용훈 10.56%
한국일보	장강재 54.2%, 장재구·장재민·장재국·장재근 각 9.4%
중앙일보	이건희 26.44%, 제일제당 22.02%, 제일모직 11.00%
문화일보	정몽준 28.1%, 정주영 23.6%, 현대자동차·현대정공 각 12.5%
세계일보	(재)세계기독교통일신령협회 55.7%

중앙일간지의 주식구성 내역이 이처럼 상세하게 공개된 것은 이번이 처음으로, 이번 자료공개가 일부 여야 의원들이 국정감사 과정에서 언론계 인사의 재산공개 유도를 촉진하고 있는 시점에 이뤄진 것이어서 주목받고 있다. 이에 대해 서울대 이상희 명예교수(언론학)는 "일본 《요미우리신문》, 《아사히신문》의 경우 창업주와 가족의 지분이 모두 합쳐도 4분의 1을 넘지 않고 사원주주에게 주식이 분산돼 언론기업의 소유·경영·편집 분리가 잘 돼 있다"며 "언론기업의 주식지분이 특정 족벌에 집중돼 있는 것은 정보사회에서 공적이어야 할 정보가 사유물로 되는 문제를 일으킨다"고 말했다.

-《한겨레신문》, 1994년 10월 8일

(3) 소유·지배·경영

재벌의 다각화가 효율성 차원에서 뚜렷한 이유 없이 재벌 논쟁의 핵심이었듯이 재벌의 소유·지배·경영 또한 유사한 성격의 이슈이다. 효율성 차원에서 소유분산은 좋고, 소유집중은 나쁜가? 전문경영은 좋고 '오너' 경영은 나쁜가? 독립경영은 좋고 1인 지배하의 선단식 기업경영은 나쁜가? 이러한 의문이 계속 제기되면서 정책유행은 재벌의 소유분산과 전문독립경영을 유도하는 방향으로 흘러왔다. 때로는 통치권자와 그 주변 인사의 도덕적 설득(moral suasion)이나 선언효과(announcement effect)를 통하여, 때로는 직·간접적인 정책수단을 통하여, 소유분산과 전문독립경영을 조속히 실현하는 것이 재벌의 경쟁력을 제고하는 것처럼 통용되고 있다.

우선 소유분산과 전문독립경영의 의미는 무엇인가? 〈표 6〉에서 보듯 현재와 같이 30대 재벌의 그룹 내부지분율이 43.3%(가족지분율 10.5%, 계열회사지분율 32.8%, 1995년 4월), 5대 재벌의 그룹 내부지분율이 47.5%(가족지분율 12.5%, 계열회사지분율 35.0%, 1994년 4월)인 상태가 외국의 대기업에 비하여 과도하게 높은 수준이라는 점에는 이론의 여지가 없다. 그러나 이 수준에서 어느 정도 낮아지는 것이 과연 '만족할 만한' 소유분산인지를 제시할 수 있는 기준을 밝히기란 어렵다. 그리고 30대 재벌의 내부지분율은 1983년 57.2%(가족지분율 17.2%, 계열회사지분율 40%)에서 12년 후인 1995년에 43.3%로 14%포인트 낮아졌는데, 이 속도가 만족할 만한 것인지의 여부를 밝히는 것도 어려운 일이다.

흔히 소유분산의 종착역을 '안정적 경영권을 보장하는 수준'까지라고 인식하는 경향이 있다. 그러나 경영권의 안정성을 보장하는 수준이란 크게는 M&A 시장의 특성, 주식거래에 관한 각종 규제에 의하여 좌우될 뿐 아니라, 각 기업 내부에 있어서도 의결권의 분포구조와 의결권 블록 간의 역학관계에 따라 결정될 성질의 것이므로 이를 일의적으로 규정하는 것은 불가능하다.

안정적 경영권을 보장하는 수준까지 재벌의 소유분산이 필요하다는 발상은 소유와 경영이 분리된 전문경영구조라는 또 다른 구호와도 모순된다. 선진국의 경우에서 볼 수 있듯이 소유는 더욱 분산될수록 전문경영체제가 확립될 수 있기 때문이다. 사실상 언론에서 많이 언급되는 독립경영이란 전문경영과 크게 다를 바가 없다. 즉 독립경영이 계열사 간의 지나친 상호의존관계를 단절한다는 의미이기도 하지만, 각 계열사의 경영권이 총수 1인의 지배로부터 독립된다는 의미가 더욱 강하다는 점에서 전문경영과 같은 개념이라 할 수 있다. 이렇게 볼 때 독립경영을 확보하려 한다면 소유분산이 안정적 경영권을 보장할 필요 없이 그 이하의 수준으로까지 확대되는 것이 바람직할 수도 있다.

경영권의 안정성과 관련하여 이러한 혼란이 야기되는 이유는 안정적 경영권이 과연 누구의 경영권인지 불분명하기 때문이다. 1995년 현재 30대 재벌의 총수 동일인과 가족의 지분율이 10.5%이며, 계열사지분율이 32.8%인 상황하에서 그룹 내 모든 계열사에 대한 지배권은 사실상 총수 1인에게 집중되어 있다고 볼 수 있다. 이에 따라 실질적인 경영권까지도 총수 1인에게 집중된 구조를 갖고 있다. 이러한 상황에서 만약 안정적 경영권이 총수 1인의 경영권(지배권)을 의미한다면, 소유분산이 목표하는 바는 과연 무엇인가? 총수의 안정적 경영권을 보장하는 수준까지 소유가 분산되는 것이 무슨 큰 의미가 있는가?

돌이켜보면 재벌의 소유·지배·경영 구조가 이처럼 집중화된 것은 과거의 압축성장과정에서 금융의 특성과 밀접히 관계된 것으로 이해된다. 즉, 직접금융시장이 제약되고 차입경영이 유리한 상태가 장기간 지속됨에 따라서 재벌가족은 가족지분율과 계열사지분율을 높게 유지하는 동시에 부채를 통하여 빠른 기업성장을 실현할 수 있었으며, 이 구조하에서 재벌총수는 스스로 원치 않는 소유분산을 위하여 노력할 인센티브가 전혀 없었던 것이다. 이처럼 우리 경제가 기업의 빠른 성장에도 불구하고 가족자본주의(family capitalism)를 벗어나지 못한 배경에는 재벌의 지분유지 노력도 있지만, 자본시장의 미숙과 특혜적 간접금융도 중요한 요인으로 작용했다고 보는 것이 옳다.

어쨌든 소유분산과 전문독립경영은 효율성 차원에서 어떻게 평가되어야 할 것인가? 우선 선진자본주의 국가의 대기업들은 대부분 소유가 광범위하게 분산되어 있다는 피상적인 관측에서, 소유분산이나 소유와 경영의 분리가 기업의 효율성을 제고한다는 어설픈 인과관계를 발견하려는 시도는 논리적으로 큰 무리이다. 오히려 경제이론은 소유분산이나 소유·경영의 분리가 효율성 차원에서는 상당한 비용을 수반할 수 있음을 시사하고 있다.

소위 주인-대리인 문제(principal-agent problem)를 원용하여 경제학자들이 발전시킨 재산권 이론에 따르면 "소유권의 본질이 상이할 경우 이는 상이한 인센티브를 야기하며, 상이한 경제적 성과를 갖고 온다"고 주장한다. 기업은 사적 재산권을 법의 울타리 내에서 자유롭게 행사·교환하는 주주가 소유하는 것으로, 소유자는 기업의 자산에 대한 잔여청구권(residual claim : 부채를 제외한 의미)을 갖게 되는데, 이윤이 발생하면 소유자의 부와 기업가치는 상승할 것이고, 손실이 발생하면 감소할 것이다. 효율적 경영의 이득과 비효율적 경영의 손실을 모두 감수해야만 하는 소유자로서는 기업이 효율적으로 경영되도록 경영자와 종업원을 감시할 인센티브를 갖는다.

재산권 이론의 핵심은 경영자를 감시하는 주주의 인센티브가 재산권의 소유뿐만 아니라 재산권의 강도와 관계가 있다고 밝힌 점이다. 공기업의 경우 재산권의 소유와 강도에 따라 대리인 비용(agency costs)이 막대함은 분명한 사실이지만, 비록 사기업이더라도 소유와 경영이 분리된 현대의 주식회사에서는 정보의 비대칭성이 작용할 경우 목표가 상이한 주주와 경영자 사이에 발생하는 주인 대리인 문제는 심각한 비효율을 초래할 수 있다는 것이 이론적으로나 경험적으로 타당한 주장이다.

기업의 주주는 잔여청구권을 극대화하기 위하여 경영자를 감시할 유인을 갖지만, 소유가 분산될 경우 대부분의 투자자들은 기업지배·통제에 내재된 자연독점적 특성(즉, 소유권이 집중될수록 지배·통제의 단위비용이 낮은 특성) 때문에 통제비용을 지불할 유인을 갖지 못하고, 이는 결국 대리인 비용을 유발한다.

우리가 통상 '주인 있는 경영'이라고 할 때 주인의 의미를 해석함에 있어서 소유권이나 주인의식만을 강조하는 것은 '소유의 강도가 중요하다'는 재산권 이론의 관점에서는 단순한 발상이다. '주인 있는 경영'의 주인이란 '경영이 효율적으로 이루어지도록 통제·감시하는 비용을 지불할 의사, 능력, 인센티브를 모두 갖춘 주주'로 해석되어야 할 것이다.

소유분산 및 소유·경영의 분리에 대한 이상과 같은 결론은 재산권 이론이라는 하나의 가설로 치부되기에는 그 뿌리가 상당히 깊다. 애덤 스미스(Adam Smith)는 1776년 《국부론(*The Wealth of Nations*)》에서 20세기에 소유가 분산되고 소유·경영이 분리된 주식회사가 세상을 지배할 것을 예견하는 데에는 비록 실패했으나, 소유와 경영이 분리된 기업조직 형태에 대하여 효율성 차원에서 우려를 표시했다. 또 다른 저명한 경제학자인 앨프레드 마셜(Alfred Marshall)은 1890년 《경제학원리(*Principles of Economics*)》에서 소유가 분산되고 소유와 경영이 분리된 주식회사라는 기업조직의 혁명이 반드시 효율성을 보장하는 것은 아니며, 현대의 대규모 주식회사는 성장하고 생존상태를 유지하기에는 적합할 것이나 정체하기 쉽다고 경고한 바 있다.

서구에서 자본주의의 발전은 소유가 분산되고 소유와 경영이 분리된 근대적 주식회사의 비효율성을 제거해 온 역사이기도 하다. 최근 미국, 영국, 독일, 일본, 프랑스 등 선진자본주의 국가에서 기업지배 혹은 기업통제가 기업의 효율성과 관련하여 중요한 이슈로 제기되는 것은 소유가 분산되고 소유·경영이 분리된 현대의 주식회사가 그만큼 효율성 차원에서 문제가 있다는 반증이기도 하다.

아직도 소유·경영의 분리, 소유분산이 본격적으로 진행되지 못한 우리의 처지로서는 우리나라 대기업에 적합한 기업지배 및 통제구조가 과연 무엇인지조차 제대로 파악하지 못하고 있다. 현재까지 우리나라 대기업의 지배와 통제는 철저히 소유권에 바탕을 둔 초보적 형태였을 뿐이다. 물론 우리나라에서도 소유분산이 진행됨에 따라 전문경영인에 의한 안정적이고 능률적인 책임경영을 창출할 수 있을 것이고, 우리의 기업문화에 적합한 이상적인 기업통제구조가 발달할 것이다. 이를 앞당기기 위한 정책적 노력이 요청되지만, 이러한 발전은 어디까지나 장기적인 과제라고 이해된다. 그렇다면 지금부터 상당 기간 동안 우리나라에서 소유·경영이 분리되고 소유가 분산된 기업이 지불하게 될 대리인 비용은 상당한 수준일 것이며, 최소한 기업통제기구가 발달한 선진자본주의 국가보다는 더욱 심각할 것으로 판단된다.

이상에서는 소유분산과 소유·경영의 분리가 효율성 차원에서 문제가 있음을 살펴보았지만, 다른 한편으로는 소유집중과 '오너' 경영에도 비용은 있다. 그러나 소유집중과 그룹집중식 '오너' 경영이 효율성 차원에서 가지는 장단점은 앞서 다각화 대 전문화의 논쟁과 마찬가지로 그 논쟁의 끝이 보이지 않는다. 〈표 9〉와 같이 모두가 인정하는 중요한 장점과 단점이 골고루 존재하는 한, 어떠한 소유·경영 구조가 바람직하다고 단정하는 것은 최소한 효율 차원에서는 위험한 것이며, 이러한 일방적 시각을 정책화하려는 시도는 더욱 위험한 것이다. 〈표 9〉에 제시된 강점과 약점은 논리적으로 문제가 있고 실제 많은 반례(反例)가 있기도 하지만, 어쨌든 중요한 점은 다각화 대 전문화의 논리와 마찬가지로 강점과 약점은 활용하기 나름이며, 그러한 의미에서 소유·지배·경영 구조의 선택은 주어진 규칙 하에서 기업이 선택할 문제이다.

〈표 9〉 한국 기업의 소유·경영 체제의 강점과 약점

강 점	약 점
① 소유경영자 중심의 집권적 의사결정방식에 의해 환경변화에 신속히 적응할 수 있다.	① 소유경영자의 전문지식 부족으로 기업 성장을 저해할 가능성이 있다.
② 소유경영자가 장기적이고 일관적인 책임경영을 할 수 있다.	② 기업의 회계와 소유주의 가계가 혼합되어 기업자금의 유용 가능성이 크다.
③ 사내이익 축적에 의한 자본조달이 가능하다.	③ 소유경영자의 확장주의적 성향으로 기업의 양적 성장에는 기여하지만 질적성장에는 한계를 나타낸다.
④ 소유경영자는 경영의 결과가 자신에게 귀속되기 때문에 매우 부지런히 일한다.	④ 소유경영자는 독선적인 경영방식을 선호하기 때문에 경영효율이 감소하기 쉽다.

⑤ 소유경영자는 자신의 개성과 철학을 바탕으로 한 나름대로의 경영이념을 확립하여 조직 전체에 확산시킴으로써 조직 전체를 일사불란하게 이끌어 나간다.	⑤ 기업이 소유경영자에 의해 폐쇄적·배타적으로 운영됨으로써 경영활동이 경직화된다.
⑥ 소유경영자를 중심으로 인간적인 결속이 가능하다.	⑥ 소유경영자만이 경영에 따른 책임을 지는 상황에서는 구성원의 무사안일한 업무태도가 초래될 수 있다.
⑦ 소유경영자가 경영에 따른 모든 위험을 부담하기 때문에 구성원들이 안정감을 갖고 직무를 수행한다.	⑦ 소유경영자의 독단적·권위주의적 의사결정이 구성원의 좌절감을 가져오는 원인이 된다.

자료 : 신유근, 1992.

이러한 시각을 반영하듯이 우리나라의 재벌도 그동안 그룹 내부의 지배·경영 구조가 아무런 변화 없는 답보 상태에 머물러 있었던 것은 아니다. 70년대, 80년대 재벌의 지배·경영 구조가 총수 1인에 의한 강력한 중앙집권하에 이루어졌다면, 현시점의 지배·경영 구조는 계열사를 담당하는 전문경영인에게 상당한 수준의 경영 자율 성과 독립성을 부여함으로써 권한의 하부이양이 이루어진 것도 사실이다. 이러한 변화는 재벌 스스로 이미 전문경영인 시장을 내부화해왔으며, 전문경영인들이 창의성과 그동안 축적된 역량을 바탕으로 재벌의 성장에 큰 기여를 해왔던 사실과 무관하지 않다.

이처럼 전문경영체제가 사실상 부분적으로 도입되고 있음에도 불구하고 이를 근본적인 변화로 볼 수 없는 이유는, 소유구조의 변화나 새로운 지배·통제 장치의 제도화가 수반되지 않고 '오너'인 회장이 여전히 기업지배의 중심에 있기 때문이다. 일부 재벌이 최근 정부방침에 호응하여 전문경영체제를 강화하는 듯하지만(삼성, 현대, LG, 대우 등의 최근 경영구조 개편 발표), 총수가 궁극적인 지배권을 행사하는 '오너' 경영의 본질이나 이를 뒷받침하는 소유구조에 변화가 일어나지 않는 한, 이러한 변화는 언제나 원위치로 복원될 가능성을 내포하고 있다. 평균적으로 볼 때 우리나라 재벌의 소유·지배·경영은 향후 수십 년에 걸쳐 서서히 변화할 것이다. 이 많은 사람이 소유분산과 소유·경영의 분리를 주장하지만 현실 세계에서 이는 매우 공허한 메아리에 불과하다. 현재와 같이 가족 지분율과 계열사지분율을 바탕으로 총수가 지배권을 철저히 장악하고 있는 한, 우리나라 재벌의 경영구조가 가까운 미래에 크게 변화할 것이라고 기대할 수는 없다. '오너' 회장인 그룹 총수가 그의 아들 혹은 동생에게 총수의 자리를 대물림할 것을 결심하고 후계구도를 확고히 하고자 철저하게 계획하는 한, 이에 실패한 그룹은 없었다. 과거 LG, 선경, 쌍용, 삼성 등의 사례가 그러했으며, 최근 현대, LG, 쌍용, 코오롱 등의 경우가 이를 증명하고 있다. 이러한 상태에서 겉으로 내세우는 책임경영과 자율경영 등의 구호는 공허한 것이며, 각 그룹별로 고용사장의 권한을 확대하는 것은 스스로 필요에 따른 경우이거나 남에게 보이기 위한 제스처일 뿐이다.

소유분산이나 소유·경영의 분리를 주장해 오던 언론도 총수의 세습에 대한 기사를 취급할 때에는 비판의 목소리가 사라진다. 결국 소유분산이나 소유·경영의 분리는 효율성 차원에서 우월한 것도 아니면서 한때 정책유행이 되었으나, 막상 어느 그룹이 총수 자리를 대물림하게 되면 이는 지극히 당연한 것으로 평가되는 혼란을 우리는 경험하고 있는 셈이다. 상속·증여 등의 세법하에서 법이 정한 세습비용을 그들이 제대로 지불하고 있는지조차 정확하게 알려진 바가 없으니, 그동안의 소유분산 논의는 소리만 요란했던 셈이다.

어쨌든 효율성의 차원에서 소유·지배·통제 구조와 관련하여 최근 일본의 지주회사 허용 논의는 중요한 시사점을 제공한다. 즉, 기업 상호 간 소유와 견제·균형이 작용하는 일본식 법인자본주의는 일부 세계적 과점산업(자동차, 조선, 반도체 등)에서 신속한 투자 결정과 과감한 위험선택(risk-taking)을 저해한다고 지적된 결과, 지주회사를 중심으로 중앙집중식 조정·통제 기능을 강화하려는 노력이 제기된 것이다. 우리나라 재벌의 경우 이미 회장실, 기획조정실 등이 강력한 조정기능을 갖고 있으며, 소유권에 관한 한 핵심기업들이 지주회사 역할을 수행하고 있다는(소위 사업지주회사) 차이가 있다.

재벌의 소유·지배·경영을 개혁하는 과제가 재벌정책의 중심과제로 자리잡고 있으나 기실 효율성 차원에서 소유분산이나 소유·경영의 분리, 전문독립경영 등을 궁극적인 정책목표로 주장하는 논리는 정당화되기 어렵다. 30대 재벌총수 및 가족이 10% 안팎의 지분을 가지고 계열사지분율을 동원하여 그룹 전체의 자산에 대한 지배권을 행사하는 현실에 문제가 있다는 지적은 상당한 공감을 불러일으킨다. 그러나 효율성 차원의 검토 결과에 따르면 우리가 적절한 대안과 효율적인 지배·통제 구조를 정착시키는 제도적 뒷받침 없이 현재의 소유·지배·경영 구조를 해체한다면, 이는 효율성을 크게 저해할 수 있다고 판단된다.

차입경영이 유리한 상황이 지속되는 한(60년대까지는 외자, 70년대 이후에는 국내차입, 향후에는 해외차입), 높은 소유집중도를 유지하면서 기업 규모를 계속 확대하는 것이 가능하므로 소유분산은 기본적으로 자본시장의 발달과 함께 기업이 성장하면서 소유권이 '희석'되는 과정으로 이해되어야 할 것이다. 이렇게 본다면 중단기적으로 소유·지배·경영을 개선하려는 정책 노력은 효율성에서 그 근거를 구하기보다는 효율성이 아닌 다른 기준에서 근거를 구하는 것이 타당할 것이며, 구체적인 정책대안도 여기에 초점을 두어야 할 것이다. 다만 기업 스스로 적정한 지배·경영 구조를 찾으려는 노력을 촉발할 수 있는 여건의 조성은 중요할 것이다. 장기적으로 소유분산은 불가피한 추세일 것이므로 우리나라 대기업에 적합한 지배·통제 구조를 정립해 가는 과제가 중요하다.

4. 형평성, 공정성, 정당성 차원의 이해

재벌과 경제력집중이 형평성(equity), 공정성(fairness), 정당성(legitimacy) 차원에서 만약 심각한 문제를 야기한다면, 이는 오늘날 감정적으로 되어 버린 재벌문제와 무관하지 않다. 또한 이는 궁극적으로 한국 자본주의와 시장경제체제의 건전성과 안정성을 위협하는 것이다. 효율의 뿌리에는 경제주체의 참여의지와 주인의식이 전제되므로 체제의 건정성과 안정성이 위협받는다면, 이는 결국 효율을 해칠 가능성 또한 높다는 점에 유의하여야 할 것이다.

앞서 재벌과 경제력집중이 효율 차원에서 야기하는 진정한 문제가 무엇인지에 대하여는 현재의 재벌구조를 전적으로 부정할 만큼 뚜렷한 논리를 찾기가 어려웠다. 따라서 효율에 관한 한 중요한 정책적 시사점은 인센티브 구조를 개혁하고 제도적 보완장치를 마련해 가는 정도였다. 효율성이라는 잣대에 비하여 형평성, 공정성, 정당성이라는 잣대는 재벌과 경제력집중의 문제점을 더욱 분명하게 제시할 것으로 기대되지만, 이 경우에도 우리의 문제의식과 진단이 논리적으로 타당하고 균형 잡힌 것이어야만, 올바른 처방을 도출할 수 있을 것이다.

형평성, 공정성, 정당성은 재벌과 경제력집중에 관한 '국민정서'와 관련이 큰 것이며, 많은 경우 재벌에 대한 국민 일반의 정서는 '반재벌'이라고 주장되고 있다. 과연 그러한가? 재벌에 대한 국민정서는 아직도 객관적으로 입증된 바가 없고 입증이 가능한 것도 아니지만 재벌, 중소기업, 정치권, 행정부, 언론, 각종 사회단체 등이 주장하는 국민정서란 대부분 사실을 왜곡했을 가능성이 높다. 그만큼 형평성, 공정성, 정당성 차원의 재벌문제는 피상적으로 분명한듯하지만, 그 실체의 파악은 어렵고 중요하다.

(1) 분배적 형평성

재벌과 관련하여 제기되는 분배적 형평성(distributive equity)의 문제는 재벌의 자산이 소수의 개인과 그 가족에 의하여 소유·지배되고 있는 소유집중과 관련이 크다. 실제로 재벌기업의 주식이 광범위하게 분산되어 있다고 가정할 때, 비록 정당성이 결여된 방법으로 증식된 부일지라도 주식배당을 통하여 일반대중에게 널리 분배될 수 있기 때문에 분배의 형평 문제 자체도 크게 완화될 수 있는 것이다(사공일, 1993, 244면). 소유가 집중된 상태 하에서 기업성장의 열매가 소수의 개인에게 귀속됨으로써 기업성장에 대한 일반의 지지가 약화 될 수 있다는 비판은 다름 아닌 분배적 형평성에 관한 것이다.

앞서 〈표 7〉에서 보듯이 1995년 현재 30대 재벌의 623개 계열사 중에는 172개사(27.6%, 자본금 기준으로는 63.1%)만이 공개되어 있으며, 그나마 공개된 경우에도 주식의 상당 부분을 총수와 그 가족이 소유하고 있는 상태 하에서 분배적 형평성의 문제가 심각하게 제기되는 것은 당연하다고 볼 수도 있다. 30대 재벌의 내부지분율이 43.3%인 우리의 현실을 선진국과 비교하면서, 소위 대중자본주의(people's capitalism)와 재산권민주주의(property right democracy)에 대한 사회적 요구가 존재하는 현실에서는 충분한 이유가 있다.

그러나 재벌의 소유가 분산된다면, 이러한 소유권의 변화가 과연 분배적 형평성을 높이는 데 얼마나 기여할 것인가? 통상적인 소득분배정책이나 부의 분배정책과 비교할 때 재벌기업의 소유권을 분산시키는 것이 얼마나 분배의 목표에 기여할 수 있겠는가? 불행하게도 이러한 의문에 대한 해답은 긍정적이지 않다.

재벌기업의 소유권이 일반대중에게 널리 분산된다는 것은, 그것이 정상적인 주식의 매매행위인 한, 주식을 구입하는 자의 입장에서는 자산구성(포트폴리오)의 변화일 뿐이며, 경제 전반의 분배적 형평성이 제고된다는 보장은 없다. 동일한 이치로 재벌기업이 특별히 시장 가격보다 낮은 가격으로 주식을 공개하지 않는 한, 그리고 주식투자의 수익률이 여타의 투자수단보다 항상 유리하다는 가정이 성립하지 않는 한, 소유분산과 기업공개가 분배적 형평성을 제고한다는 논리는 성립하지 않는다. 부의 세습을 막기 위하여 소유분산이 필요하다는 논리도 그 자체는 타당성이 있지만, 이는 조세정책의 문제일 뿐이며 분배적 형평성을 제고하지는 못한다. 또한 재벌기업이 주식을 매각하더라도 우리의 현실에서 이를 구입할 능력을 가진 자는 중산층 이상의 개인이거나 여타의 기업 혹은 기관투자가일 것인데, 그 결과는 분배적 형평성을 크게 개선하지 못하는 상태이다.

이렇게 볼 때 재벌이 주식을 특별히 싸게 팔지 않는 한, 소유분산이 분배적 형평성을 제고하는 데에는 한계가 있다. 기업의 소유가 광범위하게 분산된 상태와 소유가 집중된 상태를 단순히 비교해 보면 다른 조건이 같은 한 전자의 경우 분배적 형평성이 높을 것이나, 그 상태에 이르는 과정을 생각한다면 소유분산 과정이 우리 경제의 분배적 형평성을 크게 제고할 것이라는 기대는 비현실적인 것이다. 1988년 이후 포항제철과 한국전력의 주식을 당시 시장 가격보다 낮게 국민주 방식으로 저소득층에 매각했음에도 불구하고 1990년 이후의 증시침체로 인하여 오히려 분배적 형평성을 해쳤던 쓰라린 경험을 교훈삼을 필요가 있다. 재벌이 종업원지주제를 확대하는 과정에서 분배적 형평성이 제고된다고 보는 이유는 우리사주가 시장 가격보다 낮게 공급되기 때문이다. 그러나 일부 계층을 대상으로 시장 가격보다 낮게 주식을 공급한다는 것은 곧 특혜에 해당하며 이러한 특혜는 여타 주주의 상대적인 희생 위에서 이루어진다는 점 때문에 항상 제약을 받게 마련이다.

요컨대 재벌문제가 소득이나 부의 분배적 형평성과 관련된 이유는 기본적으로 기업소유권이 집중된 현상 때문이지만, 정부가 사적 재산권을 크게 침해하지 않는 한, 재벌의 소유분산이 분배적 형평성을 제고하는 효과는 조세정책, 가격정책, 복지정책 등 여타의 소득분배적 정책수단에 비하여 그 효과가 훨씬 미약하다는 한계를 갖는다. 따라서 재벌의 소유분산과 기업공개 등이 분배적 형평성을 제고할 것이라는 막연한 기대는 논리적이지 못하다.

분배적 형평성과 재벌의 소유집중을 연관시켜 소유집중을 비난하는 일반적 인식은, 분배보다는 오히려 다른 측면의 경제적 부조리 때문일 가능성이 크다. 예컨대 소유가 집중된 상태하에서 재벌이 주식시장에서 법적으로 엄연히 금지하고 있는 내부자거래를 통하여 부당한 이득을 취한다든지, 재벌총수가족·임원 등이 회계분식을 통하여 기업자금을 유용한다든지, 기업공개나 증자 시 대주주가 폭리를 취한다든지, 변칙증여나 사전상속, 상속 시 세금포탈 등으로 부의 세습이 손쉽게 이루어진다든지 하는 등의 모든 불법행위가 분배적 형평성을 해치는 것으로 오해했을 가능성이 큰 것이다. 그러나 이러한 문제가 있다면 이는 분배정책이 아니라 조세정책이나 기업경영을 감시하는 제도 및 법 집행의 문제라고 봐야 할 것이다.

(2) 공정성

공정성의 개념은, 때로는 형평성(분배적 형평성에 국한되지 않는 넓은 의미의 형평성)과 혼용되는 개념이다. 공정성과 형평성은 때로는 약자의 논리라고 비판받기도 하지만 이는 지나친 비약이며, 오히려 기업의 사회적 책임과 자본주의체제의 건전성, 안정성을 유지하는 과제와 불가분의 관계를 갖고 있다. 공정성의 개념에 문제가 있다면 이는 이 개념이 현실세계에 적용될 때 발견되는 모호성 때문이다. 경제적 효율성과 비교할 때 공정성의 경우 그 개념이 특히 모호한 이유는, '힘'이란 태초부터 세상 어디서나 존재했으며, 사람들이 가진 힘 혹은 권리에 항상 차이가 있다는 현실은 인간과 사회의 존재 양태를 설명하는 가장 뚜렷한 사실임에도 불구하고(Randall Bartlett, 1989, 3면), 이러한 힘의 차이를 설명하는 철학은 다양하기 때문이다.

재벌의 경제력도 정치권력 못지않게 중요한 '힘'인데 이러한 힘의 차이 자체를 바람직하지 못한 것으로 보는 것이 공정성의 기준인지, 아니면 힘의 격차는 인정하더라도 힘의 사용방법이 경우에 따라 바람직하지 못한 것으로 보는 것이 공정성의 기준인지부터가 애매하다. 이러한 시각의 차이는 이미 선진국의 독점금지법에서도 나타나는데 독점(혹은 시장지배력) 자체를 부정할 것인가(소위 원인규제), 아니면 독점의 존재는 인정하되 독점의 폐해만을 규제할 것인가(소위 폐해규제) 사이의 선택으로 나타나고 있다.

우리나라 재벌의 경제력집중과 관련하여 공정성 혹은 평등성을 생각해 본다면 그 구체적 기준이 무엇이냐에 따라서 재벌의 문제가 무엇이냐 하는 것이 좌우된다. 공정성을 경제주체 간의 경제적 기회의 균등성이라고 단순히 정의하더라도,

기회의 격차란 경제력의 격차일 수도 있고 경제력이 '남용' 된 결과를 지칭할 수도 있기 때문에 개념 설정의 혼란은 여전하다. 현실세계의 규제는 사실상 힘의 격차와 힘의 남용에 모두 적용되고 있기 때문에, 상황에 따라서 공정성의 기준은 양자 모두에 해당된다. 독점금지법의 국가별 차이는 이미 언급한 대로이며, 상속과 증여세 법의 경우 높은 세금을 부과하는 것은 힘의 주체가 바뀔 때 그 힘의 격차를 줄이는 방법이다.

경제적 기회의 균등성 혹은 공정성의 차원에서 재벌에 의한 경제력집중이 소망스럽지 못한 이유는 다음 두 가지로 요약될 수 있다. 즉, 첫째 경제력집중은 민주주의의 원칙적인 이상으로 볼 수 있는 상태, 즉 경제력이 국민 대부분에게 골고루 확산되는 상태와 모순되며, 둘째 경제력집중은 경쟁의 유효성을 제약하게 되기 때문이다(Joe S. Bain, 1959, 99면).

이 두 가지 폐해 중에서도 두 번째 폐해는 우리나라 재벌의 경제력집중과 관련하여 특히 중요하다. 재벌에 의한 경제력집중이 경제 전반에 걸쳐서 유효경쟁을 제한하고 이에 따라 경제적 기회가 불공정하게 제한되는 현상은 복합거대기업(conglomerate big business)에 관한 경제이론이 시사하듯이 명확히 규명하기가 힘든 문제이지만, 우리나라 재벌의 문제를 파악하는 데 중요한 단서를 제공한다. "큰 복합기업은 마치 백만장자인 포커꾼처럼 막대한 경제력으로 각 시장에서 경쟁자를 무력하게 만들 가능성이 있다"(월터 애덤스 교수의 1964년 미 상원 '독점금지소위원회 Subcommittee on Antitrust and Monopoly'에서의 증언)는 현실이 우리나라에서도 어느 정도 적용된다는 점을 부인할 수 없으며, 이는 재벌이 경쟁의 공정성을 크게 저해할 우려를 제기한다.

재벌이 경제력을 바탕으로 유효경쟁을 제한하는 방법은 시장봉쇄, 가격압착, 교호거래, 참호효과, 횡적 보조, 상호자제, 잠재적 경쟁의 배제 등 매우 다양한 형태를 가진다. 이러한 행위는 대부분 매우 은밀하게 이루어지기 때문에 많은 경우 독점금지법은 이를 적절히 규제하지 못하거나, 소위 '합리의 원칙(rule of reason)'이 적용되어 효율성이나 경쟁촉진 효과 등의 선의가 입증되면 그러한 행위에 대하여 면죄부를 받기도 한다.

우리나라의 재벌은 이상과 같은 복합기업의 일반적인 경쟁제한행위 이외에도 금융, 인력 등 요소시장에서 재벌의 힘이 경제적 기회의 불공정성을 야기하는 경우가 많다. 과거 자기자본 기준의 여신체제하에서 계열기업 간 출자로 연결된 재벌은 실질적 규모가 동일한 독립기업에 비하여 수신 측면에서 유리했고(이규억, 1990, 48면), 계열기업 간의 상호채무보증이라는 우발적 채무(contingent liability)를 남발하는 그릇된 금융관행을 통하여 특혜적 대출시장에 쉽게 접근하였다. 그룹 차원에서 인력을 채용하는 관행도 독립기업에 비하여 유리한 위치를 부여하였다.

공정성이 무엇이냐는 의문이 여전히 남긴 하지만 재벌이

(이원복 · 송병락, 1993, 90면)

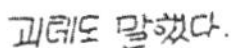

(이원복 · 송병락, 1990, 200면)

효율성이나 경쟁력과 같은 실질적 요인에 기초하지 않고 단순히 경제력, 시장지배력, 우월한 교섭력 등을 남용하여 경쟁을 제한한 결과 전문화된 독립기업, 중소기업, 소비자, 근로자 등 여타의 경제주체에게 경제적 기회를 제한하는 효과를 나타내는 것은 공정성을 훼손하므로 재벌과 경제력집중의 분명한 폐해라고 인정된다. 이러한 사례는 재벌과 중소기업, 재벌과 소비자, 재벌과 근로자, 심지어 상위재벌과 하위재벌 사이에서 항상 발견되고 있으며, 그만큼 재벌문제는 공정성 차원에서 심각하다.

《매일경제신문》, 루리 : 매경특약, 1995년 9월 3일

이처럼 경제적 기회의 평등을 높이고 공정성을 보장하는 것은 우리가 추구해야 할 가치이지만, 한편으로 힘의 격차란 동서고금을 막론하고 항상 존재하는 현상이며, 공정성 혹은 기회의 평등이 추구하는 목표에는 일정한 한계가 있다. 우리나라 재벌의 문제를 규명함에 있어서도 경제력집중이 경제 전반에 걸쳐 유효경쟁을 제한하고, 요소시장에서 지배력을 남용하며, 무엇보다도 효율성과 같은 실질적 우위 없이도 다른 경제주체의 경제적 기회를 부당하게 박탈하는 현상은 공정성 차원에서 심각한 문제를 야기하고 있다. 따라서 공정한 경기규칙(rule of the game)을 정립해야 하는 것은 분명한 과제이나, 힘의 균등까지를 의미하는 공정성의 완벽한 추구란 현실적으로 불가능하기 때문에 중요한 과제는 공정성의 적정한 수준을 결정하여 이를 구체적인 경기규칙에 반영하는 것이다.

마지막으로 재벌과 관련하여 제기되는 공정성의 문제나 재벌의 사회적 규범에 관하여 〈인용문 4〉에서는 밥, 교복, 고속도로 휴게소 사업에까지 진출경쟁을 벌이고 있는 재벌에 대한 비판의 글을 소개하고 있다. 이 글은 재벌의 문어발식 다각화를 직접 겨냥한 것이나, 그 주된 내용은 재벌의 사업영역 확장에 있어서 공정한 사회적 규범이 요청된다는 것이다. 이 글에서 과연 공정한 경쟁이 무엇을 의미하는지, 사회적 규범을 세운다면 그 구체적 기준이 무엇인지는 분명하지 않지만, 어쨌든 일반적으로 재벌의 불공정성이 쉽게 비판의 대상이 되고 있음은 분명히 알 수 있다. 〈인용문 5〉는 다소 다른 시각에서 재벌의 경쟁력이 실질적인 우위에 기초하지 않고 자본, 인력, 기술을 독점하고 있기 때문에 과장된 것이라고 하며, 그만큼 공정성이 구조적으로 훼손되고 있음을 지적하는 글이다. 〈인용문 6〉은 최근 쟁점화된 기아자동차의 경영권을 사례로 들어 향후 M&A에 있어서도 공정한 게임의 규칙이 필요함을 지적하고 있다.

이 모든 인용문은 각각 다른 주제를 다루고 있지만 재벌과 경제력 집중이 공정성의 차원에서 심각한 문제를 야기할 수 있으며, 따라서 공정한 규칙을 세우는 과제가 매우 중요하다는 점을 나타내기에는 충분하다. 그러나 구체적으로 과연 어떠한 규칙이 공정성을 보장할 수 있을 것인가에 대하여는 분명한 해답을 주지 못하고 있다. 이처럼 재벌의 불공정한 측면을 비판하기는 쉽지만, 공정성 기준의 애매함 때문에 공정한 규칙을 확립하는 일은 한계가 있음을 보여 준다.

〈인용문 4〉

밥과 교복과 휴게소 사업까지…

교수사회에서 흔히 하는 재미있는 이야기가 하나 있다. 그것은 '재벌교수와 교수재벌' 이라는 단어이다. 이 두 단어는 언뜻 들으면 같은 이야기이지만 누가 어떻게 부르느냐에 따라 무척이나 기분 나쁜 이야기가 될 수도 있다. 이는 두 단어가 가지는 의미의 차이 때문이다. 즉 '재벌교수'란 어떤 사람이 재벌의 집안에서 공부를 열심히 하여 교수가 된 경우이고, '교수재벌'이란 교수로 재직하며 돈을 많이 번 경우를 가리킨다. 따라서 '재벌교수'라 하면 일면 자랑스럽기도 하지만 '교수재벌'이라 하면 학자는 청빈하여야 한다는 우리 사회의 일반적 규범에 반한다 하여 얼굴을 붉히게 된다. 이와 같이 우리 사회에서 아무리 생활이 자유스럽고 분방하다고 하더라도 사회의 규범이 반드시 있게 마련이며, 이를 따라야 사회의 정당한 구성원으로 받아들여지게 된다. 결국 각자가 각자의 입장에서 지켜야 할 분수가 있고 이를 지키도록 우리 사회가 무언의 강요를 하는 것이다.

우리 경제에서도 기본은 자유시장경제로 누구든지 무슨 사업이나 업종에서 자유롭게 경쟁할 수 있다는 전제가 있지만 거기에도 눈에 보이지 않는 규범이 있게 마련이다. 즉 대기업은 대기업답게 전문화하여 연구개발 등으로 산업을 선도해 나가야 하는 책무가 주어지고, 중소기업은 그 나름대로 고용의 기회를 확대하는 등으로 국민경제에 기여하게 된다. 그런데 요즈음 우리 경제를 보면 자유시장경제라는 미명하에 이와 같은 기본적 규범이 제대로 지켜지지 않는 예가 점점 늘어나고 있다. 특히 최근 정부의 중소기업정책이 보호와 육성의 개념에서 자율과 경쟁이라는 개념으로 전환되며, 중소기업의 고유업종제도도 서서히 물러남에 따라 이런 사례가 눈에 띄게 늘고 있다.

몇 가지 구체적인 사례를 들어 보자. 첫째로, 최근 언론기관에 많이 보도되고 있는 것으로 대기업들이 단체급식업에 저마다 진출하고 있다. 단체급식이란 다름 아닌 회사나 학교 식당에서 밥장사를 하는 것이다. 특별한 기술이 필요하기보다는 주방기구를 갖추고 정성껏 밥 짓고 찬 만들어 구내식당에서 밥을 먹게 하는 것이다. 따라서 과거에는 작은 음식점을 경영하는 아주머니나 영세업자들이 맡아서 생업으로 영위하던 것이었다. 그런데 이런 사업을 우리의 30대 재벌그룹들이 신규사업으로 속속 참여하여 시장을 넓혀 가고 있으니 과거의 구내식당 주인들은 경쟁의 엄두도 내지 못하고 물러나고 있다.

그뿐이 아니다. 두 번째 사례로는 요즈음 중·고등학생들의 교복업계에서 중소기업들이 위기를 맞고 있다. 즉 우리나라 최대 그룹 중의 하나인 직물메이커가 교복시장이 다시 활성화함에 따라 교복까지 만들어서 직접 공급하겠다는 것이다. 교복자유화 이후 겨우 명맥을 유지하던 사업을, 다시 중소기업들이 이제 겨우 좀 클 만하니까 재벌기업이 진출하여 존폐의 위기에 놓이게 된 것이다. 물론 우리 경제에서 의류 부문이 더욱 발전하여야겠고, 따라서 교복도 잘 만들어야 하겠다. 그러나 교복의 특성상 대단한 패션 디자인을 요구하는 것도 아니고 단순 제복인데 이것마저 재벌기업이 시장을 급속도로 잠 식, 중소 영세업체들은 설 자리를 잃고 있는 것이다.

세 번째 예로는 요즈음 한창 재벌기업 간에 치열한 경쟁을 벌이고 있는 고속도로변의 휴게소 사업이다. 휴게소 사업이 수익성이 높다는 소문이 있자 재벌기업들이 휴게소에서 빵 팔고 우동 팔기 위하여 진출경쟁을 벌이고 있다는 것이다.

이렇게 재벌기업들이 자율과 경쟁이라는 개념 하에서 구내식당 사업에서 교복사업까지 사업영역을 확장하는 것은 가히 문어발식 경영이라 정의할 수 있다. 자유시장경제에서 수익성이 있어 하는 사업인데 누가 왜 야단이냐고 할지 모르겠지만 이는 역시 사회규범의 문제로 돌아간다. 재벌기업이면 재벌 기업답게 중소기업이나 개인이 할 수 없는 전문영역에서 세계 초일류가 될 것을 국민은 기대하고 있다. 마치 최근 전자부문에서 세계 최초로 반도체를 설계하였을 때 모든 국민이 찬사를 보낸 것과 같이 대기업에 주어지는 기대와 책무가 있다.

이러한 경제활동에서의 규범을 지키지 않고 기업의 국제경쟁력이니 국가 경쟁력이니 하고 논의하는 것은 기본을 무시하고 자기의 이익만을 추구하는 위선행위라 하겠다. 경제운용이 자율과 경쟁이라는 방향으로 전환됨에 따라 정부에서도 이와 같은 규범이 사회에서 제대로 지켜지도록 새로운 정책방안을 강구해야 하겠다.

또 재벌기업의 최고책임자인 그룹 회장들도 본인도 모르

는 사이에 아래 직원들이 무조건 수익성이 있다 하여 그룹 내에서 이와 같은 경제행위가 이루어지고 있는지 점검해 볼 필요가 있겠다. 안정되고 지속적으로 발전하는 경제가 되기 위해서는 더 많은 '휴게소 재벌'이 필요하고 '구내식당 재벌'이 배출되어야 하겠다. 그때 비로소 대기업들의 공적도 더욱 빛나고 경제력집중의 비난도 사라지게 될 것이다.

-《매일경제신문》, '진단', 1994년 10월 10일, 곽수일 서울대 교수

〈인용문 5〉

과장된 '공룡'의 경쟁력

"외국기업들이 우리를 겁내는 이유는 바로 재벌이 있기 때문이다. 개별기업이라면 치열한 국제경쟁에서 이길 수 없지만, 그룹 전체의 총력전을 펼 수 있는 까닭에 겁을 낸다."(전경련 최종현 회장) "재벌의 경쟁력은 대기업의 경쟁과 오해되는 측면이 많다. 규모의 경제를 실현하기 위한 전문 대기업은 필요하지만 이를 총수의 개인기업집단인 재벌과 동일시하는 것은 잘못이다. 오히려 우리 재벌은 사회 전체 경쟁력 강화에 장애물이다."(서울시립대 강철규 교수)

재벌은 경쟁력의 주체인가, 장애물인가? 상반된 두 시각 가운데 어느 한쪽의 손을 선뜻 들어 주기란 쉽지 않다. 하지만 오늘의 재벌 모습에선 비효율의 그림자가 더 커지고 있

다. 우리 재벌은 자본, 기술, 인력 등 생산의 주요 요소를 사실상 독점하고 있다. 당연히 강할 수밖에 없다. 그런데 우리 재벌은 또 '잡식성 공룡'이다. 돈이 되는 것은 무엇이든 먹어 치우며, 쉽게 돈을 벌어 온 측면도 있다. 여기서 진정한 경쟁력의 문제가 제기된다.

지난 9월 현재 30대 재벌의 계열사 수는 6백47개로, 93년보다 40여 개가 늘어났다. 정부의 업종전문화다, 재벌 스스로의 자체계열사 정리다 소리만 요란했지 모두 공염불이었다. 계열사 수가 40개 넘은 재벌도 삼성(59개), 엘지(49개), 현대(45개) 등 3곳이나 된다. 돈을 빌리려 애쓰던 과거와 달리 이제는 돈줄을 직접 장악하고 있다. 30대 재벌 가운데 18개 그룹이 국내 25개 은행 중 적어도 한 은행의 주식을 1% 이상 보유하고 있다. 특히 삼성은 조흥·상업 등 17개 은행의 주식을 1% 이상 소유해 엄청난 금융지배력을 과시하고 있다. 주인이나 다름없는 재벌의 대출요구에 금융기관이 약할 수밖에 없는 것은 당연지사다.

고급인력의 독식 경향은 더욱 두드러진다. 주요 대학의 인재들은 예외 없이 상위재벌로 직행한다. 금속 전문업체인 (주)풍산의 인사담당자는 "90년대 들어 거대재벌이 능력 있는 젊은이들을 싹쓸이하는 추세가 커짐에 따라 전문업체들의 입지가 갈수록 좁아지고 있다"고 말했다. 재벌은 또한 노태우씨 비자금사건에서 드러난 정경유착 외에 △불공정한 내부거래 △계열사 간 자산 이전 △자재와 부품 일괄구매 등의 방법으로 큰 힘을 들이지 않고도 돈을 벌 수 있는 '특혜적 지위'를 누려 왔다. 재벌은 살이 붙지만, 그 이면에서 전문기업과 중소기업은 갈수록 야위어질 수밖에 없는 구조다. 설령 그룹 내 몇몇 한계기업이 적자를 내더라도 계열사의 돈으로 밀어붙여 '한 우물 기업'을 무너뜨린다.

지난 90년 투자자유화 조치와 함께 삼성·현대·유공 등 재벌들이 앞다퉈 석유화학분야에 뛰어들면서 20여 년 이 분야만 고집해 온 대한유화가 법정관리에 들어간 것은 대표적 사례다. 노태우씨 비자금 수사에서 밝혀졌듯이 오죽했으면 대한유화 쪽이 "재벌들의 진입을 막아 달라"며 노태우씨에게 돈을 줬을까.

특히 재벌의 내부거래를 통한 나눠먹기식 장사는 그룹 내 주력기업의 경쟁력까지 갉아먹은 악성 종양으로 지적되고 있다. 삼성전자 관계자는 "왜 우리가 맺어 낸 과실을 그룹이 마음대로 나눠 투자와 발전을 가로막느냐"고 항변한다. 전자에서 번 돈을 전자에 쏟아부으면 단일기업으로 세계 정상에 오를 수 있다는 것이다. 물론 삼성이 과거 전자에 과감한 투자를 할 수 있었던 데는 재벌이라는 배경이 한몫을 했다.

금융과 인재 등 국가의 주요 자원을 쓸어 안다시피 하고 있는 재벌이 국민경제에서 과연 그만한 역할을 하고 있으며, 자원이 몇몇 재벌기업으로 더욱 집중되고 있는 현상이 바람직한가 하는 점을 깊이 따져 봐야 할 시점이다. 은행의 한 임원은 "국가경제가 단시일에 이만큼 커진 데는 재벌의 공을 결코 무시할 수 없지만, 80년대 후반 이후 재벌구조가 많은 부분에서 걸림돌로 작용하고 있다고 본다"고 지적했다.

-《한겨레신문》, '전환기에 선 재벌 - 5', 1995년 12월 9일

〈인용문 6〉

기아의 경영권 수호 결의

우리 업계에서도 심심찮게 M&A(기업 인수합병)가 이루어져 오고 있지만 기아자동차를 둘러싸고 국내 굴지의 대기업 그룹들이 벌이고 있는 M&A 극 만큼 드라마틱한 요건을 두루 갖춘 경우도 드문 것 같다.

최근 LG그룹의 구본무 회장이 '기아자동차를 짝사랑한다'고 고백, LG가 기아를 인수할 의사가 있음을 넌지시 비침으로써 한동안 잠잠하던 기아의 피 인수설은 또다시 수면 위로 떠올랐다. LG 외에도 기아자동차 총발행주식의 6%를 보유하고 있는 삼성그룹은 오는 97년 M&A 관련법이 정비되면 인수 전에 본격적으로 나설 것이라는 예상이 있고 지난 6월 '견제용'으로 기아 주식의 1%를 사들인 현대그룹은 LG와 삼성의 기아인수를 저지하기 위한 '백기사'를 자임하고 있다는 분석이다.

삼성의 자동차사업 추진과정에서부터 피인수설에 시달려

온 기아는 16일 이례적으로 사장이 기자회견을 통해 경영권 확보 '3대 전략'을 발표하는 등 배수진을 치기에 이르렀다. 문제는 기아가 과연 경영권 방어능력을 갖추고 있으며 또 M&A의 빌미를 제공하고 있는 경영악화를 단시일에 치유할 수 있느냐는 것이다. 이에 대해 기아 경영진은 80년대 말부터 '공격'에 대비해 왔고 또 최근 경영상태도 호전되고 있어 아무런 문제도 없다고 주장하지만 기아를 둘러싼 루머는 쉽게 수그러들 것 같지 않다.

국내에서 업종전문화와 주식분산이 가장 모범적으로 잘 돼 있다고 하는 기업이 오너가 없다는 이유로 시도 때도 없이 피인수설에 시달린다는 것은 M&A 게임의 합법성 여부를 떠나 안쓰러운 일이 아닐 수 없다. 동시에 전 세계적으로 확산되고 있는 M&A에 대한 인식을 새롭게 해야 할 필요성을 느끼게 된다. 대기업이 건실한 중견기업을 자금력으로 강제인수하는 것은 종래의 우리 기업윤리상 허용될 수 없는 일이었다. 하지만 오늘날 M&A는 기업환경의 급변 추세와 관련, 자본주의 시장경제체제에서는 얼마든지 용인되는 경영 전략의 하나임에 틀림없다. 우리의 경우도 대표적인 경영권 보호수단인 주식의 대량소유 제한이 97년부터 폐지되기 때문에 본격적인 M&A 시대의 개막이 예고된 상황이기도 하다.

다만 여기에는 대전제가 있다. 법이나 규정·규칙 또는 관행에 따라 정당하고 공정한 기준에서 게임이 치러져야 한다는 것이다. 공정한 룰이 없다면 M&A는 그야말로 약육강식의 정글논리에 지배돼 진정한 경쟁체질의 강화와는 거리가 멀어질 것이다. 궁극적으로 경영권 보호는 그 기업 자신에 달린 일이다. 무능한 경영자나 무분별한 가계상속은 장기적으로 경제발전에 저해요인이 되며 언제까지나 정부가 나서서 이들의 경영권을 보호해 줄 수는 없는 일이다. 가장 훌륭한 자기방어는 경영을 잘해 회사의 체질을 튼튼히 하는 것이다. 경영권 방어에 비상이 걸린 기업일수록 노사가 합심해 내실을 다지는 일이 중요하다. 허점을 보이지 않으면 쉽게 공격도 받지 않는 법이다.

-《한국경제신문》, '사설', 1995년 10월 18일

---

(3) 정당성

정당성이란 재벌의 성장과정을 문제삼는 기준인 만큼, '과거의 공정성'이라고 이해될 수 있다. 형평성, 공정성과 마찬가지로 정당성 또한 재벌에 대한 국민정서를 좌우하는 주된 요인이다. 정당성 차원에서 재벌이 비판받는 이유는 경제력집중을 조장한 과거의 성장전략과 여기에 편승한 재벌의 지대추구적(혹은 '제로섬(zerosum)'적) 기업활동에 있다. 정당성에 관한 한 재벌문제는 심각한 것으로 보이지만, 사실 문제의 심각성을 심화시키고 방치한 쪽은 오히려 정부였다.

과거 개발전략을 수행하기 위하여 정부는 산업과 금융에 있어서 시장의 결함을 보충해 주는 '결함보충자(gap-filler)', 그리고 기업활동에 필요한 미진한 기능을 제공하는 '투입물 완성자(input completer)'로서의 기업가 역할을 담당하였다. 정부의 이러한 역할은 정부의 강력한 조정·통제 권한 하에서 이루어졌는데, 정부는 승자를 선택하는(picking winner) 방식의 산업정책을 추구하였고 선택된 승자에 대한 유인으로서 금융자원의 배분을 정부 스스로 담당 하였다(사공일, 1993, 221면). 즉, 슘페터(Schumpeter)가 지적한 은행가의 역할을 정부가 직접 담당한 것이다. 목표를 달성하는 효율만이 강조되고 과정의 공정성이 무시된 결과, 재벌의 성장은 정당성이 결여된 것으로 비판되고 있다.

정당성이 결여된 재벌성장의 원천으로는 이러한 특혜적 지원과 이를 악용한 지대추구적 행위를 들 수 있다. 재벌이 은행의 특혜적 대출 덕분으로 성장했다는 비판이나, 대규모 부동산 소유를 통하여 비생산적 지대추구활동으로 부를 증식시켜 왔다는 일반의 비판은 상당 부분 타당한 것이며, 이는 많은 사람으로 하여금 재벌의 성장과정의 정당성을 의심케 하는 요인이다. 재벌성장의 정당성이 문제시되는 이유의 상당 부분은 이미 흘러간 과거지사이고 그 배경에는 정부의 잘못도 있었음에도 불구하고, 재벌에 대해 비판적인 국민정서 중에는 특혜와 정당성에 대한 의문이 짙게 깔려있다. 더욱 중요한 점은 정부 일각에서 발견되는 재벌비판적인 시각 또한 재벌 성장과정의 특혜와 정당성을 문제삼고 있다는 점이다. 즉 "정부의 특혜적 지원 없이 오늘의 재벌이 있었겠느냐"는 정부 일각의 냉소적 시각은 재벌 비판적인 국민정서 못지않게 그 뿌리가 깊은 것으로 보인다. 만약 미래에도 정부가 설정하는 경기규칙이나 재벌의 지대추구적 활동이 계속되는 한 정당성은 재벌의 문제로 계속 부각될 가능성이 크다.

5. 정부-재벌관계의 특성과 문제점

이상에서 살펴본 효율성, 형평성, 공정성, 정당성 등은 재벌과 경제력집중의 문제를 파악하는 데 있어서 중요한 잣대임은 분명하지만, 많은 경우 재벌문제의 본질은 정부-재벌의 관계에서 발견된다. 정부-재벌관계의 문제점을 파악하기 위해서는 우리 경제의 압축성장 과정에서 정부와 재벌이 상호 어떠한 관계를 유지해 왔는가를 간략하게 고찰해 볼 필요가 있다.

(1) 개발연대의 유산 : 정부의 가부장적 권위주의와 재량주의

광복 이후 개발연대의 유산을 정부-기업관계에서 규정한다면 정부는 문제해결 장치로서 시장에 대하여 항상 우월한 위치에 있었다고 볼 수 있으며, 그 결과 정부를 전능한 주체로 인식하는 정부만능주의가 고착된 점을 들 수 있다. 이를 구체적으로 살펴본다면 다음의 두 가지 특징적 현상을 지적할 수 있다.

첫째, 규칙(rule)보다는 재량(discretion)이 작용한 정부 기업관 계였다. 시시각각 변하는 경제상황에 융통성 있게 대응해야 했던 상황 하에서 쉽게 변할 수 없는 규칙이란 정부 입장에서는 오히려 비효율적이었고, 규칙이 있더라도 그 실효성은 정부의 재량적 판단에 따라 결정되는 경우가 많았다. 이러한 상황 하에서 기업은 결코 사업의 지침이 될 수 없는 규칙을 준수하기보다는 정부의 재량적 판단에 호소하였고, 정경유착의 본질도 규칙보다는 재량을 중심으로 이루어졌다고 평가된다. 많은 시장에서 경쟁을 통해 승자가 결정되기보다는 인·허가와 자금배분에 관한 정부의 재량적 선택이 사업의 성패를 좌우하였다. 정부의 가부장적 권위주의와 재량주의는 끊임없이 이윤 기회를 추구하고 사업을 확장하려는 본연의 기업가 능력에 추가하여, 정부의존성향(즉, 정부가 무엇인가 해주기를 바라는 기대심리)이 매우 높은 기업가를 양산하여 시장경제체제 도입에 장애가 되었다.

둘째, 정부규제의 만연과 공기업의 확산을 들 수 있다. 세계적으로 유례를 찾기 힘든 강력한 산업정책적 정부간섭이 지속되었는데, 특히 규칙보다는 재량이 중요했던 우리 경제에서 실질적인 정부규제는 단순히 법·제도상의 규제보다 훨씬 광범위하였다. 규제가 장기간 지속되면서 규제가 본래 목표를 달성하는 기능보다는 부조리의 온상으로서 기업이 규제를 피하려고 지불하는 비용(규제우회비용)을 증대시키는 결과를 초래하기 시작하였다. 특히 진입 규제, 사업영역 규제 등 산업정책적 규제의 경우에 규제의 부작용도 심각했던 것으로 판단된다. 시장개방정책, 경쟁정책 등 시장원리를 확산시키는 정책은 규제적 산업정책 때문에 항상 우선순위에서 밀려났던 것이 현실이었다. 정부가 직접 기업활동을 담당하는 공기업의 경우에도 수차의 민영화에도 불구하고 전반적으로 계속 확산되었고 시장에 대한 정부의 우위를 유지하는 데 하나의 축을 형성하게 되었다.

이러한 현상이 지속된 결과, 정부의 독점적 경제권력은 관성(자기 지속성)을 갖게 되었다고 평가된다. 80년대 이후 반(反) 경쟁에 대항하는 경쟁의 힘이 개방, 공정거래, 규제완화, 민영화 등의 정책으로 싹트기 시작했으나 정부의 경제권력에는 큰 변화가 없었다. 그러나 민간(특히 대기업)의 지배하에 놓인 자산, 고용, 생산 등이 급속히 증대하고 민간의 해외진출이 가속화되면서 정보능력에 격차가 발생함에 따라, 정부-민간의 역학관계에 근본적인 변화가 시작되었다.

(2) 정부-재벌관계의 핵심적 문제 : 보험역할과 도덕적 이완

개발연대의 유산이 정부의 가부장적인 권위주의와 재량주의였다면, 80년대 이래 재벌이 정부의 통제범위를 벗어날 정도로 팽창했음에도 불구하고, 정부가 여전히 재벌을 통제권안에 두고 때로는 보호하고 때로는 규제하려 했던 것이 오히려 정부-재벌관계를 비정상적인 것으로 발전시켰다. 덩치가 커지면 그만큼 스스로 책임도 커지고 자율조절기능도 발달해야 하는데, 정부는 여전히 재벌을 보호해야 할 대상으로 취급한 측면이 있다. 이미 성숙한 재벌의 입장에서는 한편 이에 반발하기도 했지만, 한편으로는 정부의 그러한 태도를 이용하기도 하였다. 만약 80년대 이래 정부가 재벌의 운명을 어느 정도 시장의 냉혹한 법칙에 맡겼더라면 오늘날 정부-재벌 관계는 훨씬 정상적인 상태가 되었을 것이나, 현실은 그러하지 못했다. 정부는 재벌의 고유한 기업활동(생산, 판매, 수출, 투자 등 등)에 계속 간섭하였고, 재벌의 입장에서 이것은 때때로 피곤한 간섭이었으나 한편으로는 동반자적 관계를 악용하면서 이득을 취하거나 무리한 경영의 책임을 정부에 전가시킴으로써 보호와 지원을 요청할 수 있었던 것이다. 이와 같은 정부-재벌관계의 본질은 쉽게 이해하기 힘든 복잡한 것으로 아직까지도 도덕적 이완(moral hazard)이라는 중요한 문제로 남아 있다.

우리나라의 정부-재벌관계에서 과거 재벌에 대한 정부의 보험자(insurer) 역할 때문에 재벌이 도덕적 이완에 빠질 위험을 갖는다는 지적은 과거 성장과정의 몇 가지 특성이 아직도 잔재로 남아 있기 때문이다. 과거 우리 정부는 금융자원을 배분하는 은행가와 같이 기업의 부족한 부분을 메워 주는 역할을 담당하였으며, 이에 따라 정부가 명령과 유인을 사용하여 승자선택형의 산업정책을 수행하였다는 것은 앞서 지적한 대로이다. 이 과정에서 금융은 억압되고 은행 기업관계는 왜곡되었으며, 재벌은 높은 부채비율을 기록하고 은행은 대규모의 부실채권을 떠안게 되었다. 재벌에 의한 경제력집중, 대기업과 중소기업 간의 불균형, 중공업과 경공업 간의 불균형, 도시·농촌간, 지역 간 불균형이 나타난 것도 과거의 성장전략과 무관하지 않다. 정부가 우월한 지위를 가지고 규칙보다는 재량이 작용하는 정부-기업관계는 정경유착의 심화와도 무관하지 않다.

이러한 성장전략의 또 다른 중요한 특징은, 정부가 기업의 묵시적인 위험 파트너임을 자임하였고, 보험자 혹은 배서인(underwriter)으로서의 역할을 수행함으로써 '정부가 재벌의 인질이 되는' 상황이 발생하였다는 점이다. 이는 정부-재벌관계에서 파악되는 재벌 및 경제력집중의 핵심적 문제를 지적하는 대목이기도 하다.

"Watch out! It's another falling corporate giant!"

(Monks & Minow, 1995, p.2)

즉 재벌은 집중된 경제력을 이용하여 정치·사회적으로 영향력을 행사하고 정부시책이 재벌에게 유리한 방향으로 전개되도록 힘을 행사해 왔다고 평가된다. 규칙보다는 재량이 작용하는 정부-재벌관계 하에서는 재벌이 정부의 동의만 구한다면(즉, 정경유착), 이러한 영향력을 행사할 수 있는 가능성은 증대하게 마련이다. 이 경우 정부의 보험자 역할이란, 재벌의 높은 부채비율 때문에 불황기에도 '자전거를 계속 달리게' 하기 위하여 보호와 지원을 확대(금융지원, 개 방지연, 산업합리화)하여야 하는 상황을 초래했다. "너무 규모가 커서 파산시킬 수 없다"든지 "국민경제적으로 너무 중요하기 때문에 구제하지 않을 수 없다"는 인식이 팽배하여 재벌의 도덕적 이완을 초래하였고, 재벌은 이러한 관계를 이용하여 사업확장을 계속하고 높은 부채비율을 유지한 측면이 있다. 이러한 관계는 최근 일부 재벌의 대규모 해외투자를 정부가 퇴출(exit)이라는 위협으로 인식하는 현실과 무관하지 않다.

이상과 같은 복잡한 정부-재벌관계를 다시 정리해 보자. 정부는 재벌에 대하여 원칙주의를 내세우기보다는 적당한 재량주의를 포기하지 않았다. 이에 따라 정부가 외양상으로는 재벌에 대해 어떤 식으로든 재량에 따른 우월적 지위를 유지해 온 듯하지만, 이미 정부의 통제를 받기에는 워낙 몸집이 비대해진 재벌이 정부와의 밀접한 동반자 관계를 악용하는 사례가 더욱 늘어만 가고 있다. 이러한 정부-재벌관계하에서 정경유착에 따른 부조리는 지극히 당연한 현상일 것이다. 더욱 심각한 문제는 경제정책에 있어서 법치주의로부터의 예외를 양산하였다는 점이다. 재벌은 자신의 불법·탈법 행위를 법대로만 처리할 수 없었던 정부와의 관계를 악용하였고 재벌총수의 행위는 치외법권시되어 왔다. 정부가 보험자 역할을 포기하지 않는 한, 재벌로서는 사업기회를 포기하면서까지 재무구조를 건전하게 유지해야 할 필요성을 느끼지 못

(이원복 · 송병락, 1993, 103면)

하였으며, 오히려 갖은 수단을 동원해서라도 정부와 좋은 관계를 유지하는 것이 더욱 중요한 것으로 인식되기도 하였다. 한편 정부로서는 재벌의 부실화를 마냥 방치하기도 곤란했던 측면이 있었기 때문에 여신관리제도, 출자규제제도와 같은 대증요법을 병행할 수밖에 없었던 것이다.

이렇게 볼 때 정부-재벌관계가 규칙보다는 재량에 좌우될수록, 양자가 분명한 분업관계를 설정하지 못하고 공동운명체 혹은 동반자와 같이 행동할수록, 거기에 따르는 부조리와 비능률의 비용도 매우 클 것이며, 이는 우리 경제사회의 기초질서를 위협하고 건실한 자본주의와 시장경제를 발전시키는 데 장애가 될 수 있다고 평가된다.

그렇다면 재벌과 경제력집중의 진정한 문제는 무엇인가? 효율성, 형평성보다는 공정성과 정당성이 더욱 심각한 재벌의 문제였다면, 공정성과 정당성을 의심하는 배경에는 정부-재벌관계의 부조리와 비능률을 비난하는 시각이 깔려있다. 이같이 볼 때 공정성과 정당성의 문제는 과거 정부가 제3의 독립적인 심판자로서 행동하면서 재벌 단독으로 불공정하거나 부당한 행위를 일삼았기 때문에 발생했다. 기보다는, 정부와 재벌이 경제성장과정에서 너무 오랫동안 같은 배를 탄 결과 서로 일종의 공생관계가 되어 버린 상황 하에서 발생했다고 보는 것이 더욱 정확한 평가일 것이다.

〈인용문 7〉은 최근에 발생한 비자금 사태에 관한 《비즈니스 위크(Business Week)》지의 기사이지만 그 내용은 정부와 재벌의 유착관계에 관한 것이며, 우리 경제의 모델이 정부-기업관계가 더욱 투명한 선진 시장경제와 비교할 때 상당히 거리가 있음을 주장한 기사이다. 〈인용문 8〉은 《이코노미스트(Economist)》지의 기사인데, 다소의 과장과 편파적인 평가의 문제는 있지만 과거 압축고도성장과정에서 정부와 재벌이 어떠한 관계를 형성해 왔는가를 비교적 정확하게 묘사하고 있는 글이라고 평가된다. 《이코노미스트》지의 기사는 기적적인 우리 경제의 이면에 자리잡고 있는 어두운 면을 지적하면서 우리 경제를 '프랑켄슈타인 경제'(Frankenstein Economy : 자기가 만든 것에 의하여 파멸되는 경제라는 뜻)라고 혹평하면서, 정부-재벌관계에서 파생되는 여러 가지 문제점을 날카롭게 지적하고 있다. 과연 재벌 때문에 우리 경제가 위험에 처할 것인가에 대해서는 그렇지 않다는 견해가 우세하며, 최소한 재벌이 경쟁력 차원에서 갖는 강점이 균형있게 부각되어야 할 것으로 보인다. 다만 이 글에서 지적한 정부-재벌관계의 문제점만큼은 상당부분 타당한 지적으로, 정부의 보험자 역할과 재벌의 도덕적 이완으로부터 벗어나 정부-기업의 새로운 분업관계를 모색해 가는 것이 우리에게 주어진 중요한 과제라는 점을 분명히 시사하고 있다.

〈인용문 7〉

비자금 파문의 뿌리는 한국 정부주도형 경제

최근 한국에서 터진 전직 대통령 부패 스캔들은 정부주도형 자본주의 경제모델의 유용성에 대해 다시 한번 생각하게 한다. 은행이 저지른 불법행위에 대해 은행 임원과 유착관계에 있는 정부관료들이 수개월 동안 쉬쉬한 데서 비롯된 일본 다이와은행의 손실 파문이 채 가라앉기도 전에 발생한 이번 스캔들은 경제 일반에 대한 지나친 정부규제가 어떤 부작용을 초래할 수 있는가를 극명하게 보여 주고 있다. 지난해 멕시코 사태가 발생했을 때 아시아 지역 국가들은 미국식 자유시장경제체제가 모든 국가에 적용될 수는 없는 법이라며 '그것 봐라'하는 식의 반응을 보였다. 물론 이런 주장은 타당할 수도 있다. 하지만 최근 사회·경제적으로 커다란 혼란상을 보이고 있는 곳은 다름아닌 정부주도형 시장경제체제가 깊이 뿌리내려 온 아시아 지역이다.

이번 비자금 스캔들과 관련해 지금까지 36명의 재벌총수가 특혜와 이권을 노리며 정부관료를 상대로 뇌물을 공여했는지 여부를 조사받기 위해 검찰에 소환됐다. 노태우 전 대통령은 첫 단추부터 잘못 끼운 잘못된 관행에 대한 책임을 지고 사법처리를 당해야 하는 처지에 놓여 있다. 이런 정황은 그 자체만으로도 국제적 관심사가 될 만한 것이지만 그러나 이번 스캔들과 관련해 우리가 진정으로 관심을 쏟아야 할 부분은 바로 무거운 정부규제의 너울이 드리워져 있는 한국의 경제체제이다. 이런 지나친 규제를 무사히 통과하기 위해 기업들은 뇌물을 사용한다. 사업을 영위하기 위해 지불해야 하는 값비싼 통과의례인 것이다.

정부의 이 같은 지나친 규제와 잘못된 관행이 경제 전반에 미치는 폐해는 생각보다 훨씬 심각하다. 한국 사회를 지배해 온 재벌과 정부의 유착관계는 많은 중소기업의 정상적인 발전에 암적인 요소로 작용해 왔다. 한때 중소기업들은 대기업에 부족하기 쉬운 융통성과 이노베이션을 통해 한국경제를 주도해 나갈 수 있을 것으로 기대됐다. 그러나 이제 더 이상 이런 기대감은 존재하지 않는다. 미국, 일본 등 다른 나라의 대기업들과 경쟁할 수 있는 거대재벌들의 역할이 오히려 더 강조되고 있는 것이 요즘 한국 경제 저변에 흐르고 있는 기류다.

그러나 생각해 보자. 정보와 창의력이 경쟁력을 좌우하는 대표적 요인으로 등장한 신경제 질서하에서는 기업규모의 크고 작음은 그다지 중요하지 않다. 대기업의 경우 비효율적인 비대조직으로 인해 오히려 경쟁력에 손상을 입을 가능성마저 있다. 그럼에도 불구하고 이런 분야에서조차 정부규제가 더욱 심해지고 그에 따라 사업을 영위하기 위한 기업의 뇌물공여도 공공연하게 이루어지고 있는 것이 최근 한국의 현실이다.

이제 한국과 일본은 시장원리에 의해 경제가 움직이고 특정 세력에 대한 줄 대기가 아닌 경쟁이 경제변화를 선도하는 주도적인 요소가 되도록 해야 한다. 시대착오적인 정부주도형 자본주의는 더 이상 경제를 효율적으로 이끌 수 없다.

-《비즈니스 위크》:《매일경제신문》 정리, 1995년 11월 24일)

〈인용문 8〉

Frankenstein Economy

정치분야에 관한한 한국은 1987년 이후에야 박정희 모델에서 벗어나려고 노력했다. 경제분야에 있어서 박정희 모델에 대한 반발은 박정희 대통령의 서거 이후 곧 시작되었으나, 지난 15년 동안 아직도 박정희 모델의 발자국을 지우지 못하고 있다. 시장기능을 억압하는 관행이 아직도 한국 경제를 괴롭히고 있는 것이다. 정부주도형 발전 모델은 1973~79년의 중화학 드라이브 기간 동안 극에 달하였는데, 이 무렵 산업 챔피언을 육성하기 위한 국가개입으로 대변되는 한국형 모델은 절정에 달하였다. 예컨대 1970년대에 박 대통령은 당시 섬유재벌인 대우로 하여금 조선, 기계, 자동차를 담당하도록 조치하였고, 대우그룹은 이 사업을 수행하고자 대규모 부채를 동원한 결과 1970년대 말 대우그룹의 부채자본비율은 900%에 이르게 되었다. 2차 석유파동에 따라 정부는 대우를 구제할 수밖에 없었다.

박 대통령 서거 후 경제정책을 책임진 엘리트 관료들은 환율을 평가절하하고 IMF 권고에 따라 긴축정책을 사용하였고 중공업에 대한 보조금을 삭감함으로써 남미와 같은 위기를 모면하는 데에는 성공했으나 국가개입의 전통과 집중화된 산업조직이라는 박 대통령 시대의 유산은 그대로 이어받았다. 정부개입과 정부의 보험자 역할이 도덕적 이완의 문제를 안고 있기 때문에 정부는 80년대 이래 정부개입을 줄이겠다는 의지를 천명하고 있으나 현실은 그러하지 못하다. 한국 정부가 산업에 개입하는 습관을 아직도 버리지 못하고 있다는 증거는 항공, 통신, 자동차 등 여러 산업에서 분명히 나타나고 있다. 70년대의 중화학 드라이브 이래 20여 년이 경과한 지금까지, 이를 되풀이하지 않겠다는 의지에도 불구하고 정부개입은 지속되고 있는 것이다. 한국에서 정부개입이 자기지속성을 갖는 현상은 관료들 또한 보통 사람들과 마찬가지로 권력을 갖고 행사하려는 성향이 있음을 보여 준다. 그러나 더욱 깊은 이유가 있다면 박 대통령 시절 산업정책적 정부개입의 전통이 이어지면서 민간대기업들이 책임을 회피하면서 성장하는데 지나치게 익숙하게 되어버린 점을 지적해야 할 것이다.

한국 민간기업들의 투자계획에서 신중함이란 없다. 만약 정부가 기업이 원하는 대로 하도록 방치하였다면 지나친 투자붐이 우려될 정도이다. 한국 기업들은 정부가 투자를 허락하기만 하면 전혀 주저하지 않고 투자하고 있는 것이다.

기업은 정부가 제재를 가할 때에만 투자를 자제한다는 것이 한국 경제의 분명한 격언인 듯하다. 박 대통령이 가르친 행태가 그가 사망한지 15년 이후에도 한국 경제에 그대로 남아 있는 것이다.

박 대통령의 유산은 또 있다. 거대기업 위주의 전략을 동원한 결과 이들의 사업이 잘못되었을 때 정부가 나서서 구조해야 한다는 묵시적인 약속이 있을 수밖에 없었다. 그 결과 경제력 집중은 심화되었고 재벌가족들이 기업을 소유함에 따라 부에 대한 적개심이 형성되었다. 재벌의 규모는 경

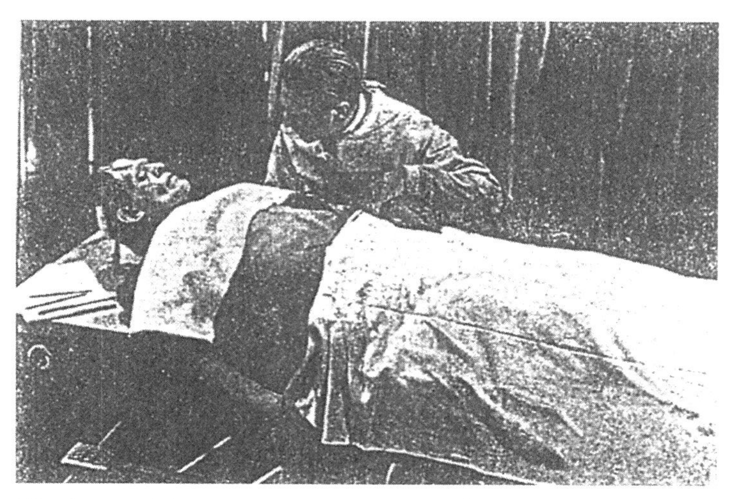

What's big and strong, but a nightmare to control?

(*Economist*, 'A Survey of South Korea' 중 발췌요약, 1995년 6월 3일)

쟁을 저해하기도 한다. 재벌의 계열사들은 아무리 잘못 경영되더라도 재벌의 특성을 이용하여 재벌이 아닌 경쟁자를 이길 수 있었다. 재벌은 깊은 주머니를 이용해서 몇 년간 적자를 보더라도 견딜 수 있었다.

이러한 상황하에서는 진보적인 경제학자들까지 정부개입을 주장하게 된다. 한국의 공정거래법을 기초한 전문가들이 재벌규제를 도입하려 한 것도 이러한 맥락에서 이해된다. 1970년대의 정부개입이 재벌문제를 야기했듯이, 1980년대 이래 재벌규제를 위한 정부개입도 재벌의 지배력을 극복하지 못한 채 소망스럽지 못한 결과를 초래하고 있다. 재벌에 관한 가장 큰 우려는 재벌이 한국 경제의 안정성을 위협한다는 것이다. 그들은 막대한 부채로 성장했던 만큼 취약하며 약간의 슬럼프만 겪더라도 부실화되기 쉽다. 큰 재벌이 도산하면 금융시스템이 무너지고 성장은 둔화되며 더 큰 도산사태를 야기할 수 있다. 1985년 국제그룹이 붕괴했을 때 정부는 다른 재벌을 구제하느라 대규모 특혜대출을 공급해야만 했다. 최근 덕산이나 유원건설의 부도에 대하여 정부는 시장에 맡긴다고 하지만, 만약 경제성장이 더욱 둔화되면서 재벌의 부도사태가 이어진다면 정부는 구제에 나설 수 밖에 없을 것이다.

대규모 재벌의 붕괴가 한국의 금융시스템 안정성을 위협하는 한 정부는 재벌의 안정성을 보장할 수밖에 없을 것이며, 바로 이 점 때문에 한국 정부는 개입을 중단할 수 없다.

그러나 이러한 묵시적인 보장은 오히려 재벌로 하여금 더욱 무분별하게 투자하도록 장려하는 효과를 갖고 있다. 결국 재벌은 더욱 커지고 그들의 붕괴 가능성은 더욱 큰 위협이 된다. 박 대통령은 '길들일 수 없는 괴물'을 창조한 것이다.

Ⅲ. 현 정부 재벌정책의 실적과 평가

1. 어떻게 평가할 것인가?

앞서 Ⅱ장에서 우리는 재벌과 경제력집중의 피상적 현상을 살펴보고, 과거 재벌정책이 도입된 것은 불가피한 측면이 있었지만 재벌정책이 경제력집중을 해소하는 데 크게 기여하지 못했다는 점을 지적하였다. 그러나 재벌정책을 평가함에 있어서 더욱 중요한 점은 소위 재벌과 경제력집중이 왜 문제인가를 밝히는 것임을 강조하였다. 재벌에 관한 우리 사회의 시각대립이 좁혀지지 않고 있는 이유가 있다면, 이는 무엇이 문제라고 보느냐에 대한 대답이 개인과 집단에 따라 다르기 때문이며, 문제의 인식부터 다르다면 각자가 재벌문제에 대해 내리는 처방도 다를 수밖에 없다.

이러한 상황에서 현 정부 재벌정책의 실적을 소개하고 이를 평가하려고 하더라도 무엇이 문제인지에 대한 잣대가 없다면 정책의 평가는 아무런 의미가 없다. Ⅱ장에서는 논쟁의 소지가 많이 있음에도 불구하고, 1 경제적 효율성, 2 분배적 형평성, 3 공정성, 4 정당성, 5 정부-재벌관계 등의 다섯 가지 기준을 가지고 재벌과 경제력 집중의 진정한 문제가 과연 무엇인지에 대하여 논의하였다. 이러한 다섯 가지 잣대를 동원하여 재벌의 문제를 지적한다면 효율성, 형평성보다는 공정성, 정당성의 문제가 심각하다고 판단되며, 공정성, 정당성의 문제와 밀접한 관련이 있는 정부-재벌관계의 문제를 별도로 부각시킬 수 있다.

우리나라 재벌과 경제력집중의 문제점을 이와 같은 다섯 가지 기준에 따라 파악하는 것은 문제의 본질을 이해하는 데 큰 도움이 되겠지만, 그래도 몇 가지 석연치 않은 점이 있다. 공정성, 정당성의 문제를 해결하기 위하여 정부가 최대한 노력하고 정부-재벌관계의 문제점을 줄이도록 양자의 분업관계를 정상화해 간다면, 향후 새로운 재벌문제란 없는 것인가? 21세기에 우리는 더 이상 재벌문제를 둘러싼 공방으로 국론이 분열되는 낭비를 겪지 않아도 될 것인가?

이 세상에 완벽한 민주주의란 존재하지 않듯이 이런 식의 의문은 그 자체가 유토피아를 전제하는 것인 만큼, 재벌과 경제력집중의 문제가 완전히 사라진다고 말할 수는 없다. 재벌이 문제가 되는 궁극적인 이유는 다름 아니라 ‘크다는 것(bigness)’ 때문이다. 기업의 규모가 제각기 다르고 수 개 혹은 수십 개의 그룹이 우리 경제에서 커다란 비중을 차지하는 한 경제력집중 문제는 완전히 사라지지 않을 것이며, 이에 대한 경계심리 또한 완전히 사라지기는 힘들 것이다. 우리나라 경제력집중 문제에 독특한 점이 있다면 재벌의 국민경제적 비중이 단기간 내에 빠른 속도로 심화된 것과 이렇게 큰 기업들이 일부 재벌가족들의 손에 있다는 것이다. 그러나 대기업이 국가경제에서 큰 비중을 차지하는 것은 자본주의의 공통적인 현상이고, 대기업이 재벌총수의 전유물에서 탈피하여 소유권이 광범위하게 분산된다 하더라도 대기업 혹은 기업집단에 의한 경제력집중의 폐해가 사라진다고 볼 수는 없다.

그렇다면 공정성, 정당성을 확보하고 정부-재벌관계를 정상화하는 것은 어떠한 의미를 갖는가? 이러한 노력은 결국 과거의 굴곡이 많은 재벌성장을 지금부터라도 바로잡고 우리 경제를 대표하는 대기업에 대한 국민정서를 치유하여 궁극적으로 기업의 자유, 권리, 책임을 제대로 자리매김하는 데 그 의의가 있다. 즉, 과거 50년간 우리나라에서 전개되어 온 천민자본주의와 가족자본주의의 폐습을 떨쳐 내고 성숙된 자본주의를 발전시켜 나가는 것이 올바른 재벌정책의 과제가 된다.

이렇게 보더라도 재벌정책의 구체적 수단에 관한 의문은 여전히 남는다. 공정성, 정당성을 확보하려면 재벌해체라는 극약처방이 유력한 방법으로 떠오르기 때문이다. 즉, 재벌의 성장 역사가 공정성, 정당성, 정부-재벌관계 차원에서 문제가 있었다면 그 크기를 여러 개로 나누고 재벌총수의 손에서 지배권을 박탈하면 되지 않겠느냐는 지극히 단순하고 분명한 발상이다. 이러한 극약처방이 좋겠느냐, 아니면 현재 주어진 재벌기업의 실체를 인정하고 공정성, 정당성, 정부-재벌관계 정상화를 최대한 추구하는 처방이 좋겠느냐 하는 것은 결국 정치적 판단의 문제이며, 이러한 판단의 근거에는 국민의 기본적인 선택권이 있다. 만약 우리 국민 다수가 재벌을 해체할 정치권력을 지지한다면 그것이 아무리 경제적으로 불합리한 선택이라 하더라도 정치적으로는 합리적이라고 볼 수도 있기 때문이다.

재벌정책의 수단과 강도가 결국 정치적 선택인 것은 분명하지만, 경제적으로는 극약처방에 대한 우려가 크다. 현재 그룹 단위로 하나의 생물체와 같이 살아 움직이고 있는 재벌을 인위적으로 분할 혹은 해체한다면, 우리가 기업의 본질에 대하여 잘 알고 있지 못하는 만큼, 해체된 기업이 효율성과 경쟁력을 계속 강화하여 국부를 증진하고 우리 국민에게 삶의 기반을 계속 제공할 수 있을지는 불확실하다. 이러한 모험에 대한 합의가 우리 국민 사이에서 쉽게 이루어지지 못하는 것은 일차적으로 우리 경제의 효율성과 성장 가능성에 대한 우려 때문이지만 또 다른 이유도 있다. 재벌의 성장이 비록 불공정하고 부당한 방법으로, 비정상적인 정부-재벌관계하에서 이루어졌다 하더라도 창의적인 기업가정신이나 종업원의 노력이 성장을 가능케 한 측면도 분명히 있기 때문에, 과거의 문제에 대하여 얼마나 무거운 벌을 가하는 것이 타당한지가 분명치 않다. 또한 재벌해체는 어떤 식으로든 국민이 합의한 헌법의 재산권 보장을 위배할 가능성이 크다.

따라서 재벌정책의 메뉴는 일부의 기대만큼 다채로운 것은 아니다. 다만, 현실적으로 정부가 택할 수 있는 수단은 여러 가지가 있을 것인데, 중요한 점은 재벌정책이 타당한 문제의

* James E. Austin 교수 : 하버드 경영대 교수

(이원복 · 송병락, 1993, 235면)

식하에서 타당한 수단을 선택했느냐가 평가의 기준이 되어야 할 것이다. 문제의식과 수단의 타당성 여부를 따지려면 기업의 본질과 경제여건 변화에 대한 이해가 전제되어야 한다. 80년대의 재벌기업과 오늘의 재벌기업은 기업의 본질과 기업을 둘러싼 환경에 큰 차이가 있기 때문에 80년대에 타당했던 재벌정책이 지금까지 타당하리라는 보장은 없다. 같은 이치로 오늘의 재벌기업과 21세기 초의 재벌기업은 기업의 내부조직, 작동 메커니즘, 시장환경과 경쟁전략에 있어서 중요한 차이가 있을 수 있기 때문에 오늘의 시점에서 타당한 재벌정책이더라도 21세기 초까지 계속 그 타당성을 유지할 것이라는 보장은 없다.

따라서 재벌정책은 우리 경제의 동태적 변화를 고려하고 미래를 지향하는 것일수록 바람직하다. 미래를 지향하는 재벌정책이 효율과 성장만을 지상의 목표로 삼는 것은 결코 아니다. 앞서 누누이 강조했듯이 공정성, 정당성, 정부-재벌관계의 개혁을 추구하는 재벌정책은 과거의 재벌문제를 치유할 뿐 아니라 미래지향적이다. 다만 문제의 치유가 반드시 정부정책의 역할인지, 아니면 여건변화에 따라 자연적인 치유가 가능한 것인지에 대해서는 재삼 숙고할 필요가 있다.

돌이켜보면 전두환과 노태우 행정부의 12년 기간 동안 재벌정책은 규제를 강화하는 방향으로 전개되어 왔다고 평가된다. 60~70년대 대기업 위주 성장전략의 결과, 특히 70년대 중화학 드라이브의 결과 재벌에 의한 경제력집중이 심화되었고, 80년대 들어 경제력집중이 방치될 경우 우리 경제의 건전한 발전에 걸림돌이 된다는 인식이 확산되자, 정부는 80년대 중반 이후 여신관리제도를 강화하고 공정거래법에 출자규제제도를 도입하는 등 일련의 시책을 통하여 경제력집중을 완화하고자 노력하였다. 여신관리제도와 출자규제제도가 재벌정책의 양대 축으로 등장한 이래 재벌정책은 다소의 기복은 있었으나 규제가 강화되는 방향으로 전개되었다. 1991년 6월 시행된 주력업체제도는 1989년 이래 지속된 경쟁력 위기론에 따라 소위 주력업체에 대하여 여신관리제도의 일부 규제를 완화하는 노력이었으나, 그 이후 1992년 7월 대규모 기업집단의 불공정거래 행위에 대한 심사기준 도입, 1992년 12월 상호채무보증 제한제도의 도입 등은 재벌규제가 강화된 대표적 사례들이라고 볼 수 있다.

1993년 2월 출범한 김영삼 행정부는 거시경제적으로는 1989년 이래 지속된 경쟁력 위기를 유산으로 물려받았고, 재벌정책에 관해서는 80년대 중반 이래 강화된 재벌규제의 전통을 유산으로 물려받았다. 임기의 3년이 경과한 현시점에서 현 정부 재벌정책의 실적을 평가하기에는 시기상조인 측면이 있으나, 80년대 이래 이어져 온 규제강화 일변도의 재벌정책이 현 정부에 들어서 일대 전환기를 맞이하고 있는 것으로 볼 수 있다.

현 정부의 재벌정책이 전환기에 처해 있다고 보는 이유는 우리나라가 처한 대내외 정치·경제적 여건의 급속한 변화와 무관하지 않다. 경제적으로는 이미 세계경제의 통합 추세가 가속화되고 있으며, 이에 따라 국경의 의미는 점차 약화되고 경쟁 심화는 해외시장뿐만 아니라 내수시장에서도 하나의 뚜렷한 대세로 자리잡고 있다. 경쟁이 심화되면 결국 다른 어떤 가치보다 이 위기를 극복하고 살아남아야 한다는 압박감이 작용하게 마련이고, 생존의 주체인 기업을 보는 눈도 달라지게 마련이다. 1989년부터 1993년까지 꾸준히 제기된 경쟁력 위기 논쟁이 이러한 상황인식에 일조했음은 물론이다. 한편 정치적으로는 민주화의 진전으로 정치권력의 힘이 약화되기 시작했다. 그러나 재벌의 힘은 결코 약화되지 않고 오히려 계속 강해진 결과 정치권력, 중앙정부, 재벌 사이에 과거 수십 년 동안 존재했던 힘의 질서가 무너지고 재벌의 힘은(경제력뿐만 아니라 경제외적인 영향력을 포함하여) 상대적으로 두각을 나타내기 시작하고 있다. 정치·경제적 여건 변화가 이렇게 진행되고 있기 때문에 현 정부의 재벌정책은 좋든 싫든 일대 전환기를 맞이할 수밖에 없는 처지에 있다.

그러나 전반적으로 볼 때 현 정부가 출범 초기부터 재벌정책에 관한 뚜렷한 비전을 가지고 각종 시책을 추진해 왔다고 평가하기는 곤란하다. 소위 재벌정책이 어느 정도의 범위까지 포함하느냐도 불분명하지만 재벌과 경제력집중에 직·간접적으로 영향을 주는 각종 시책은 이를 관장하는 국가기관이 재정경제원(현 정부 출범 당시에는 경제기획원과 재무부), 통상산업부, 공정거래위원회, 은행감독원, 국세청 등을 위시한 광범위한 경제부처에 흩어져 있기 때문에 뚜렷한 비전을 가지고 재벌정책을 하나의 종합적인 경제정책으로 일관성 있게 추진하려는 강력한 의지가 뒷받침되지 않는 한, 재벌정책의 전반적인 향방을 가늠하기란 어려운 측면이 있다.

현 정부의 집권 초기인 1993년에도 거시경제의 성장세 회복 전망이 불투명했던 현실은 과거 재벌정책이 경기변동에 민감할 수밖에 없었던 경험에 비추어 비전의 부재를 어느 정도 설명해 준다. 즉, 신경제 100일 계획, 신경제 5개년 계획 등에서는 경기침체에서 조속히 벗어나려는 노력을 가시화하는 것이 중요했다. 집권 초기에는 개혁과 사정에 대한 재계의 불안감이 존재했었고 현 정부의 재벌정책이 무엇인가에 대한 불확실성이 있었으나, 기업비리에 대한 사정은 이루어지지 않았고 재벌정책은 그 일관된 방향성이 없었던 것으로 평가된다. 업종전문화, 여신관리 완화, 출자한도 강화, 공기업 민영화, SOC 민자유치, 승용차·제철·금융·통신 등에 관한 산업정책 등을 모두 종합해 본다면 현 정부의 재벌정책은 결코 일정한 방향성을 나타내지 않았으며, 이는 당초 재벌정책의 확실한 목표와 비전이 없었던 점에 따른 당연한 결과이다.

〈표 10〉 현 정부 재벌정책의 개관

신경제 5개년 계획상 재벌정책의 변화방향(1993년 7월)

구 분	신경제계획의 정책수단	규제강화 여부[1]
대기업 집단의 경쟁력 강화를 위한 정책	• 여신관리제도 • 업종전문화 유도시책 • 출자규제제도	완화 완화[2] ?[3]
소유·경영 구조의 선진화를 위한 정책	• 상속·증여세정 • 기업공개 촉진, 무의결권 주식발행 억제 • 상호채무보증 제한 • 대여금, 가지급금 규제 • 기업집단 특유의 불공정거래행위 • 연결재무제표 작성 및 회계분식 규제 • 자산재평가제도 폐지 • 차입금 이자비용 규제	강화 강화 강화 강화 강화 강화 강화 강화
산업자본과 금융자본의 관계	• 금융기관 사금고화 방지 • 금융기관 소유규제	강화 강화

주 : 1) 규제강화 여부는 재벌의 입장에서 판단한 것임.
2) 업종전문화의 경우 형식적으로는 다변화에 대한 규제강화라고 주장되지만, 기존의 재벌규제가 완화된 점에서 실질적으로는 규제완화임.
3) 출자총액제한의 경우 출자한도비율의 추가인하는 분명히 규제강화이나 업종전문화, 공기업 민영화, SOC 민자유치 등을 위한 예외확대 움직임으로 볼 때 규제완화의 측면도 있음.

신경제계획 이후 재벌관련 주요 시책

주요 시책	재벌정책 관련내용	비고
공기업 민영화(1993년 12월)	• 정부지분 완전매각, 경영권 민간이양, 주인있는 경영을 창출, 공개경쟁입찰 등을 밝힘으로써 재벌의 공기업 인수를 허용(기존 재벌 실적부진 규제는 고수)	계획대비

SOC 민자유치 (1994년 8월 법제정)	• SOC 분야에 대한 재벌참여를 허용. 이를 위하여 일부 SOC에 대하여 기존의 출자규제 등을 완화	1995년 시작
승용차, 통신, 제철 등 주요 산업 진입규제 폐지 여부	• 진입규제가 폐지될 경우 재벌의 사업진출 기회 확대	
금융전업기업가(94년 7월)	• 산업재벌의 은행지배를 차단	
위장계열사(1993년 11월)	• 위장계열사 적발, 재벌규제 적용	
기업 해외투자 건실화방안 (1995년 10월)	• 재벌의 대규모 해외투자 견제	
비자금 사건(1995년 10월)	• 정부-재벌 관계의 재정립 계기	
지배·통제 구조	• 확정된 방안은 없으나 검토중	

현 정부 경제정책의 청사진이었던 신경제 5개년 계획(1993년 7월)은 일관된 논리와 틀 속에서 재벌정책의 기본 원칙과 과제를 제시했다기보다는 재정개혁, 금융개혁, 성장잠재력 강화(산업구조 조정의 촉진, 공정거래질서의 정착) 등 부문별 과제 내에 재벌 및 경제력집중과 관련된 정책이 흩어져 있었다. 신경제 5개년 계획에 흩어져 있는 재벌정책과 그 이후 일련의 재벌관련 정책을 종합해 본다면 〈표 10〉과 같다. 우선 신경제계획에 포함된 재벌정책 혹은 재벌관련 시책을 종합해 본다면, 전반적인 인상은 재벌규제가 강화된 듯하지만 정책수단의 상대적 비중이나 그동안의 추진실적을 감안한다면, 여신관리제도, 업종전문화 유도시책 등은 경쟁력 강화 등을 이유로 규제완화가 이루어지고 있는 데 비하여, 여타의 정책은 재벌 특유의 불공정거래행위 규제를 제외하면 큰 변화가 없는 것으로 평가된다. 이러한 상황에서 신경제계획 이후의

산업·기업 정책은 직접적인 재벌정책이라고 분류하기는 곤란하지만 재벌의 모습과 경제력집중에 지대한 영향을 미칠 수밖에 없는 공기업 민영화, SOC 민자유치, 산업별 진입규제 등에 있어서 자유화의 큰 줄기가 최소한 계획상으로나마 뚜렷이 나타나고 있다. 그 와중에 1995년 10월의 전직 대통령 비자금 사건은 정부-재벌 관계에 일대 변화를 초래할 수도 있는 중요한 계기가 되고 있으며, 대기업의 지배·통제 구조에 대한 관심이 고조되고 있는 것도 재벌정책과 관련하여 최근의 의미심장한 변화라고 볼 수 있다.

그러나 〈표 10〉과 같이 지극히 압축된 요약으로부터 재벌정책의 건수를 세고 그 강약의 평균을 가늠해 보는 것은 큰 의미가 없다. 오히려 중요한 점은 III장에서 지적한 재벌과 경제력집중의 실질적인 문제점과 미래지향적인 관점에서 현 정부가 추진하고 있는 재벌정책의 변화 방향이 올바른 궤도에 있는지, 불필요하거나 불합리한 규제는 없는지, 중요하지만 특정한 이유로 소홀하게 취급되고 있거나 누락된 재벌정책은 없는지 등을 점검하는 일이다.

이하 본 장에서는 현 정부가 추진중인 넓은 의미의 재벌정책 추진배경과 실적을 소개하고 재벌과 경제력집중의 올바른 문제의식 여부, 효율적인 수단의 선택 여부, 여건변화에 비추어 본 시대적 합리성 여부 등의 관점에서 정책의 타당성을 평가함으로써 재벌정책에 대한 올바른 이해를 구하고 미래의 재벌정책 과제를 도출하고자 한다.

〈표 11〉 오늘의 30대 기업집단(1995년 4월 기준)

(단위 : 10억원, %, 개)

	자산 총액	자기자본 비율	자본금	내부 지분율	매출액	계열 회사수	공개 회사수	영위 업종	금융·보험 계열회사수[1]
1. 현대	37,221	20.1	3,100	60.4	47,001	48	15	38	5
2. 삼성	29,414	18.0	2,667	49.3	51,830	15	15	31	5
3. 대우	26,144	27.9	3,883	41.4	20,557	22	9	26	2
4. LG	24,351	24.9	2,872	39.7	29,857	50	13	29	6
5. 선경	12,806	22.7	959	51.2	14,657	32	4	24	2
6. 쌍용	10,955	26.0	1,191	33.1	11,399	22	10	33	3
7. 한진	10,629	12.6	789	40.3	7,653	23	9	27	3
8. 기아	9,814	18.5	783	21.9	7,277	14	5	11	1
9. 한화	7,282	13.9	958	36.7	6,240	29	9	22	4
10. 롯데	6,628	21.6	1,556	22.3	6,303	29	5	25	3
11. 금호	5,374	19.1	835	40.3	2,489	24	4	17	1
12. 두산	4,808	15.5	283	51.6	3,671	27	9	26	1
13. 대림	4,638	18.6	363	37.6	3,074	17	5	19	1
14. 동아건설	3,874	12.5	334	40.1	4,203	14	4	15	2
15. 한라	3,430	3.0	201	57.8	3,027	15	3	12	1
16. 동국제강	3,237	22.1	306	46.6	3,052	16	7	14	2
17. 효성	3,040	26.2	241	43.6	4,163	15	2	18	-
18. 한보	3,013	16.7	396	88.3	1,306	13	2	13	-
19. 동양	2,592.	20.4	398	46.1	2,321	19	4	12	5
20. 한일	2,559	19.2	377	43.1	1,240	13	4	16	3
21. 코오롱	2,535	25.9	290	47.6	3,206	20	4	19	-
22. 고합	2,503	13.5	263	46.7	1,699	10	2	9	-
23. 진로	2,391	3.3	238	47.2	1,098	12	4	11	2
24. 해태	2,358	16.0	185	34.0	2,175	13	4	11	-

25. 삼미	2,245	2.9	356	30.9	1,241	8	2	9	-
26. 동부	2,128	13.5	268	40.4	3,377	13	6	18	4
27. 우성건설	2,117	10.2	189	62.6	1,209	8	2	10	-
28. 극동건설	1,966	37.2	409	25.0	838	10	2	10	-
29. 벽산	1,781	15.7	152	41.3	1,121	18	4	18	2
30. 미원	1,613	13.6	225	49.8	1,674	14	4	13	2
계	233,445	19.9[2)]	25,069	43.3[2)]	248,959	623	172	18.5[2)]	64

주 : 1) 1993년 4월 기준. 2)평균.
자료 : 공정거래위원회,

논의에 앞서 재벌정책이 적용될 대상인 재벌은 과연 어떠한 기업들인지에 대하여 〈표 11〉에서는 간략한 프로필을 소개하고 있다. 〈인용문 9〉는 매년 공정거래위원회가 대규모 기업집단 주식소유 현황을 발표할 때면 대부분의 언론이 거의 예외 없이 재벌정책을 비판하는 식의 글인데, 재벌정책의 평가가 과연 어디에 초점을 두어야 하는 것인지를 생각하게끔 하는 글이다. 이 글과 같이 대부분의 정책평가는 소유집중, 재무구조, 업종다각화, 선단식 경영 등에 초점을 맞추고 있는데, 결국 우리의 문제의식이 평가를 좌우함을 보여 주고 있다.

〈인용문 9〉

소유집중 더 심화... 재무구조는 악화 : 재벌정책이 겉돈다.

재벌들의 소유구조가 갈수록 집중화하고 있다. 문어발식 영토확장도 그칠 새 없이 이어지고 있다. 그러나 외형팽창 속에서도 정작 단단해져야 할 재무구조는 되레 악화되고 있다. 전형적인 외화내빈(外華內貧)이다.

어차피 단기성과를 기대할 것은 아니었지만 경제력집중 완화와 '업종전문화를 축으로 한 정부의 대재벌시책, 그리고 소유분산'의 강한 드라이브를 걸었던 신재벌정책은 '반쯤은 실패'의 중간평가를 받게 됐다.

30일 공정거래위원회가 발표한 '대규모 기업집단 주식소유 현황'에 의하면 30대 재벌 내부지분율은 4월 현재 43.3%로 지난해 42.7%보다 0.6%포인트 높아졌다. 내부지분율이란 전체 자본금 중 동일인(오너)과 특수관계인(친인척, 임원, 비영리법인) 및 계열사가 보유한 주식지분이다. 특히 동일인 지분율은 93년 4.1%에서 94년 4.2%, 그리고 올해엔 4.9%로 높아졌다. 내부지분율이 소유분산우량기준(20% 이하)을 충족한 재벌은 한 군데도 없었던 반면 총주식의 50% 이상을 몇몇 사람끼리 독점하고 있는 곳은 6곳이나 됐다. 소유권의 집중화, 특히 오너 1인 집중화가 날로 심화하고 있는 것이다. 재벌들이 계열사를 통해 영위하고 있는 업종

〈표 12〉 여신관리제도의 목표와 수단

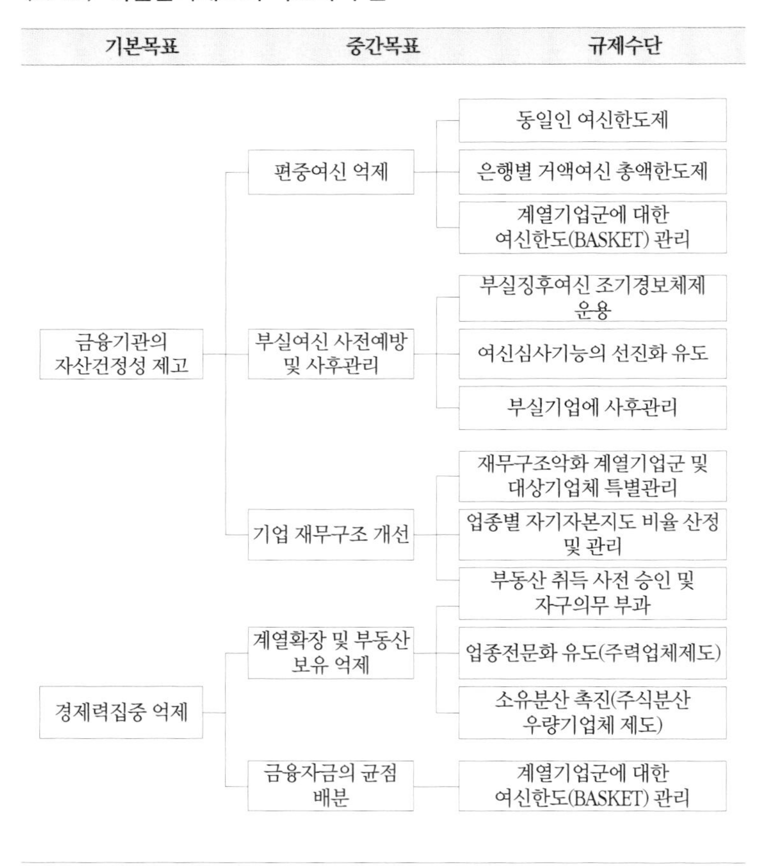

수는 평균 18.5개, 94년(19.1 개)보다 다소 줄었지만 최근 경쟁적으로 진출한 할부금융, 유선방송, 정보통신업 등을 포함하면 실제 영위업종은 작년보다 증가한 것으로 분석되고 있다.

이같은 소유집중 심화와 업종다각화 현상은 정부의 대재벌정책과 완전 방향을 달리하는 것이다. 왜곡된 경제질서의 교정을 위해, 궁극적인 산업경쟁력 강화를 위해, 또 기업세계화를 위해 정부는 재벌들에 대해 줄곧 업종을 엄선하고 소유권을 분산시키라고 요구했지만 결과는 정반대로 나타나고 있다. 그나마 재무구조의 건전성을 나타내는 자기자본비율은 작년(20.1%)보다 악화된 19.9%를 기록, 우리나라 재벌들은 갈수록 외형은 커지고 내실은 허약해지는 불안한 형체를 띠어 가고 있다.

물론 개선된 면도 있다. 30대 재벌의 공개비율은 1년새 △회사 수 기준으론 26.6%에서 27.6%로 △자본금으론 56.8%에서 63.1%로 각각 나아졌다. 또 기업집단의 타 회사 출자비율도 작년 26.8%에서 올해 26.3%로 소폭이나마 개선됐다. 하지만 공정거래법상 출자총액한도가 순자산대비 40%에서 25%로 낮아졌기 때문에 재벌들은 98년까지 2조 2천억 원의 출자초과분을 처분해야 한다.

그동안 정부의 대재벌시책의 강도가 높아질 때마다 대기업들은 계열사 매각, 선단식 경영해체 등 발 빠른 화답을 보내 왔다. 그러나 결과는 오히려 그 반대로 나타나고 있다. 정부의 재벌정책 자체가 잘못된 것인지, 아니면 재벌들의 약속 위반인지 또 한 차례의 논란이 예상된다.

-《한국일보》, 1995년 7월 1일

2. 여신관리제도의 개편실적과 평가

(1) 여신관리제도 : 한국적 현실과 한국적 제도

우리나라 재벌이 독특하듯이, 여신관리제도도 매우 독특한 제도였다. 우리가 오늘날 소위 여신관리제도라고 이야기하는 제도가 그동안 변천해 온 과정을 보면 이 제도가 얼마나 복잡한 것인지를 실감할 수 있다. 여신관리제도는 60년대 이후 성장 위주의 경제개발 전략에서 나타난 대기업의 과다한 차입의존 경영, 대기업에 대한 여신편중, 대기업의 문어발식 계열확장과 경제력집중 등의 문제 때문에 기업 재무구조가 악화되고 금융자산의 건전성과 국민경제의 균형성장이 저해되는 폐해를 막아 보려는 의도에서 1974년 실시된 「계열 기업군에 대한 여신관리협정」이 이 제도의 효시가 되었다. 여신관리 제도는 도입 이래 금융자산의 건전성 제고라는 당초의 목표에 추가하여 재벌에 의한 경제력집중을 억제한다는 새로운 목표를 설정하였고(1984년 여신 한도관리, 이른바 바스켓 관리와 1990년 5.8 부동산투기 억제대책 등), 90년대에 들어서는 업종전문화와 같은 산업정 책적 목표가 추가되었다(1991년 주력업체제도).

1991년 주력업체제도가 도입된 이래 여신관리제도는 아마도 우리나라의 경제정책 중에서도 일반인들이 가장 이해하기 어렵고 복잡한 정책이 되었다. 그 이유는 1974년의 제도 도입 이래 다소 이질적인 정책목표와 이를 수행하기 위한 규제

수단이 계속 추가되었기 때문이다. 여신관리제도를 직접 운용해 왔던 은행감독원이 밝히는 바에 따르면 최근 그나마 대폭 단순화된 여신관리제도의 목표와 수단도 〈표 12〉에서와 같이 복잡하기만 하다.

이와 같이 복잡한 규제정책을 20여 년간 유지해 온 이유는 무엇인가? 그 이유는 다름 아닌 우리나라 금융시장의 특성에서 찾아야 한다. 자본시장이 발달하지 못했던 상황하에서 기업들이 성장하기 위해서는 외부로부터의 차입에 의존할 수밖에 없었고, 금융시장이 개방되지 못한 상태하에서 기업은 국내 금융기관에 의존할 수밖에 없었다. 아무리 인플레 경제였다고 하지만 정부가 국내 금융기관을 통하여 자금을 무한정 공급할 수는 없었으며, 기업의 자금수요가 금융기관의 공급능력을 항상 초과하는 사태가 오랫동안 지속되었다. 이러한 상태하에서 시장금리는 높을 수밖에 없었으나, 정부로서는 산업을 육성하기 위하여 금리마저 낮은 수준에서 통제하였다.

자금에 대한 초과수요가 존재하는 상황에서 규제금리가 실세금리보다 낮게 책정된다면 이는 당연히 할당(rationing)의 필요성을 제기하게 마련이다. 자금을 할당해야 하는 상황은 특혜시비를 구조적으로 잉태할 뿐만 아니라, 할당을 개별은행의 자율에 맡길 경우 상대적으로 신용이 우수한 재벌에게 여신이 편중되는 현상은 불을 보듯 뻔한 결과였다. 과거 정책금융자금을 얻는 문제는 기업의 입장에서 보면 사업의 성패를 좌우하는 문제였기 때문에 이러한 할당시스템하에서 일종의 배급권을 획득하는 것이 중요했고, 그만큼 특혜금융을 둘러싼 정경유착 가능성도 컸던 것이다.

부채에 의한 재벌의 성장, 자금에 대한 초과수요와 규제금리에 따른 할당의 필요성, 정책금융의 전통 등은 우리나라 금융시장의 왜곡된 현실이었으며, 여기서 파생하는 문제점을 해결하기 위해서는 〈표 12〉와 같은 복잡한 규제가 필요했던 점을 인정하지 않을 수 없다. 정책금융을 위하여 신용에 구애받지 않고 여신을 공급하다 보니 기업 재무구조 개선도 직접 챙겨야 했고, 부실여신이 우려되다 보니까 기업이 돈을 어디에 쓰는지 일일이 따져야 했으며, 재벌이 당장 엄청난 돈벌이가 되는 특혜금융을 가져가니 부동산투기까지 규제해야 했고, 재벌 대기업이 여신을 독점하는 현상을 막으려니 바스켓 관리를 할 수밖에 없었던 것이다. 이 제도가 없었더라면 경제력집중이 지금보다 더욱 심화되었을 것이라는 점도 충분히 인정해야 할 것이다. 〈표 13〉은 은행대출금 중에서 30대 재벌이 차지하는 비중을 나타내고 있는데, 은행의 특혜성 대출에서 30대 재벌이 차지하는 비중이 어느 정도 통제하에 있었다는 것은 그것이 올바른 재벌정책이었던가 여부를 떠나서, 최소한 편중여신을 억제하고 그만큼 경제력집중을 억제하는 데에는 기여했다고 인정된다. 제2금융권의 경우 아직 대출규모는 작지만 30대 재벌이 40% 내외의 비중을 차지해 왔던 점을 감안하면 은행권에 적용된 여신관리제도는 재벌의 은행대출 독식을 상당히 막았다고 볼 수 있다.

〈표 13〉 30대 재벌 대출금 비중의 추이 : 1989~95

(단위: 십억원, %)

	1989	1990	1991	1992	1993	1994	1995
30대 재벌 대출금(A)	17,822	21,076	267,891	30,372	29,938	32,483	35,690
• 한도관리대상	12,096	13,329	12,032	12,890	12,862	14,427	14,401
• 한도관리제외	5,726	7,747	14,757	17,482	17,076	18,056	21,289
은행총대출금(B)	91,339	111,188	137,407	159,787	180,019	218,700	246,587
A÷B(%)	19.5	19	19.5	19	16.6	14.9	14.5

주 : 1984년 2월부터 5대 및 30대 계열그룹의 대출금 점유비율(기준비율)을 설정하여 관리하였으며, 지급보증에 대하여도 한도관리를 했으나, 1991년 6월 이후에는 대출금만 관리.

자료 : 은행감독원.

여신관리제도의 규제적이고 복잡한 특성이 극치에 달한 것은 1990년 5·8조치와 1991년 주력업체제도가 여신관리제도에 포함된 이후였다. 이 당시 여신관리제도는 재벌(계열기업군)에 대한 여신(대출+지급보증)의 비율을 규제했을 뿐 아니라 자기자본비율을 기준으로 자구노력의무를 차등화하는 등 재무구조 개선을 유도했고 기업의 투자와 부동산 취득에 대해서는 아예 금지하거나 사전승인을 의무화하는 등 엄격한 규제를 가했다. 다만 30대 재벌의 주력업체(1992년 8월 말 현재 76개 업체)와 소유분산 우량업체(1992년 8월 말 현재 4개 업체)에 대해서만 여신관리제도상의 규제를 상당부분 면제하였다.

(2) 현 정부의 여신관리제도 개편 : 배경과 주요조치

여신관리제도가 점점 복잡한 규제 덩어리로 발전하면서 이 제도의 문제점에 대한 비판적 시각도 싹트기 시작하였다. 한때 만병통치약처럼 사용되던 여신관리제도가 은행감독원의 담당자 아니면 이해하기도 힘든 점점 두꺼운 규제책자로 변하면서(금융통화운영위원회의 규정인 「금융기관 여신운용 규정」과 은행감독원장 규정인 「계열기업군에 대한 여신관리 시행세칙」), 이 제도가 여러 가지 부작용 또한 동시에 갖고 있다는 인식이 확산된 것은 90년대 초반이었다. 특히 여신관리제도가 단순히 금융기관의 자산건전성 제고 차원을 넘어 재벌을 규제하는 유력한 수단으로 둔갑하면서 기업활동을 제약하는 각종 규제장치가 갖는 폐해에 대한 반성이 제기되었다.

여신관리제도가 태생적으로 갖는 한계가 있었다면 과거 압축성장 과정의 왜곡된 금융시장에서 문제가 발견될 때마다 직접규제를 통하여 그 증세를 치유하려 했던 대증요법의 본질 때문일 것이다. 이러한 대증요법이나마 절실히 필요하다고 인식되던 과거가 있었지만, 시간이 지날수록 기업의 투자를 비롯해 부동산 취득에 대한 엄격한 규제나 여신한도를 직접 관리하는 등 경제력집중 억제를 위한 각종 규제는 문제의 근원을 공략하지 못한 채 드러난 현상만을 상대해야 했으며, 그나마 이 제도가 경제력집중을 뚜렷이 해소했다고 볼 수도 없었다. 재벌기업의 투자활동 중에서 무엇이 좋고 무엇이 나쁜지 구분하기가 힘든 상황에서 투자를 규제한 결과 기업은 어떻게 해서든 규제를 피해 보려고 노력했고 정부가 재량권을 남용할 소지도 컸다. 예컨대 1990년 5·8조치는 재벌의 비업무용 부동산 취득을 규제함으로써 투기적 지대추구활동을 막아 보려는 노력이었지만, 과연 무엇이 업무용이고 무엇이 비업무용인지를 명확히 구분하기가 힘들었고, 이는 그 이후에도 계속 말썽의 소지를 남겼다.

이러한 문제점과 함께 시간이 지날수록 여신한도관리, 재무구조 개선시책 등이 과연 실효성 있는 장치인지에 대한 의문이 제기되었다. 또한 주력업체와 주식분산 우량기업체에 대한 적용제외조치는 '그렇다면 왜 규제하는가'라는 의문과 동시에 여신관리제도를 산업 정책이나 기업정책적 목적으로 사용하는 것이 타당한가에 대한 의문도 제기하게 하였다. 뿐만 아니라 경제정책의 법적 근거가 분명해야 한다는 인식이 확산되면서 여신관리제도의 법적 근거가 빈약하고 그만큼 자의적인 제도변경이 수시로 이루어짐에 따라 정책의 예측 가능성이 낮다는 문제도 지적되었다.

그러나 더욱 중요한 문제점은 오랫동안 여신관리제도가 전가의 보도와 같이 사용되면서 우리나라 금융시스템의 낙후성이 심화된 측면일 것이다. 즉, 은행감독원은 은행부문의 건전성, 안정성, 효율성을 감독하기 위한 기관임에도 불구하고 재벌규제기관처럼 인식되었고, 각 재벌의 주거래은행으로서 여신관리제도의 창구 역할을 담당한 은행들은 중요한 고객인 기업을 고객으로 모시는 것이 아니라 고객을 규제해야 하는 악역을 담당할 수밖에 없었던 것이다. 금융의 모든 것이 할당과 규제 차원에서 이루어지는 상황하에서 은행의 대출심사 기능이나 기업경영에 대한 감시능력이 발달할 수 없었고 서비스업으로서 은행의 경쟁력이 제고될 수 없었다.

국제화와 개방화가 생존을 좌우하는 실질적인 압력으로 느껴지면서 여신관리제도가 재벌기업의 투자 및 영업 활동을 제약하고, 한편으로는 은행과 기업 간의 건전한 관계발전을 저해하며 은행이 본연의 임무에 충실하지 못하게 된다는 폐해의 심각성이 더욱 절실하게 인식되었다. 이에 따라 1992년을 전후한 시점에 여신관리제도를 대폭 개편해야 한다는 주장이 일부에서나마 강하게 제기되었다(유승민·김준경, 1992). 당시 제기된 개편방안의 기본 골격은, 첫째 여신관리제도의 정책목표를 편중여신 완화와 재무구조 개선 유도만으로 단순화하고, 둘째 한도관리의 실효성을 제고하기 위하여 주력업체 등 적용제외는 최소화하며, 셋째 기업투자나 부동산 취득에 대한 규제기능은 철폐하든지 필요한 경우에는 여타의 제도에 이관하고, 넷째 장차 여신한도관리의 폐지에 대비하여 금융자율화 등의 여건 조성을 추진할 필요가 있다는 것이었다.

이러한 문제제기에 부응하여 현 정부가 출범하기 직전인 1993년 2월 여신관리제도는 상당한 폭으로 개편되었다. 당시의 조치 중에서 가장 중요한 사항으로는 기업활동을 제약하는 각종 규제를 축소한 것으로서, 여신관리대상 계열기업군의 범위를 50대에서 30대로 축소하고, 자구노력의무 비율을 100~600%에서 100~200%까지 하향 조정하였으며, 업종분류를 105개에서 73개로 조정하고, 자기자본비율 산정방식을 개선하였으며, 기업투자와 부동산 취득에 대한 사후신고제를 일부 도입하였다.

그러나 이 정도의 제도개편은 여신관리제도의 문제점으로 지적된 사항을 수용하기에는 미흡한 수준이었고 본격적인 제도개선은 현 정부 출범 이후 수차례 이루어졌으며, 현재도 진행 중이다. 현 정부 출범 이래 여신관리제도의 기본적인 개편방향은 〈표 14〉에서 보듯이 신경제 5개년 계획에 3단계로 제시되어 있으며, 수 차에 걸쳐 취한 조치는 제도개편이 비교적 당초 계획된 방향과 부합하는 방향으로 이루어지고 있음을 보여 주고 있다.

〈표 14〉 **여신관리제도 개편에 관한 현정부의 계획과 실적**

신경제 5개년계획상의 개편방안

1단계 (1993년)	정상적인 기업활동을 과도하게 제약하는 각종 규제를 폐지하고 경제 여건 변화에 맞추어 합리적으로 정비
2단계 (1994~96년)	11~30대 계열기업군에 대한 주거래은행의 여신한도관리 기능은 지속하되 기업투자 및 부동산취득 승인제도를 우선 폐지하고 다음 단계로 여신관리대상을 10대 계열기업군으로 축소
3단계 (1997년)	금융의 건전성 유지 측면에서 계열기업군의 편중여신을 억제하기 위한 목적 중심으로 운용하기 위하여 동일 계열기업군 여신한도관리 제도로 전환

추진실적

1994년 1월 20일	• 11~30대 계열기업군에 대한 기업투자 및 부동산취득 승인관련제도의 폐지 • 1~10대 계열기업군에 대한 기업투자 승인관련제도의 폐지 • 업종전문화 시책(1993년 11월 통상산업부 고시) 지원을 위하여 기존의 주력업체제도를 개선 - '주력기업' 중 '주력업체'를 선정하여 바스켓 관리 제외[1] - 1~10대 계열소속 주력기업에 대한 자구노력의무 경감 및 사후신고 대상 확대 - 주력기업의 무관업종 진출 여부 판정기준 완화 : 73개 업종에서 통상산업부의 15개 업종으로 기준 완화
1995년 1월	• 은행법상 동일인 여신한도를 축소 - 대출 : 은행자기자본의 20%→15% (은행감독원장 승인한도 30%→20%) - 지급보증 : 은행자기자본의 40%→30% (은행감독원장 승인한도 60%→35%)
1995년 6월 1일	• 은행별 거액여신 총액한도제의 실시 - 거액여신(동일 계열기업군에 대한 여신이 은행자기자본의 15%를 초과하는 경우)의 합계가 은행자기자본의 5배(산업은행 15배)를 초과할 수 없음. 한도초과 취급은 은행감독원장의 예외승인.
1995년 6월 10일	• 1~10대 계열기업군의 해외영업활동에 대한 규제의 전면 폐지 • 1~10대 계열기업군의 기업투자 및 부동산 취득 관련 자구면제대상 및 사후신고대상 확대
1995년 8월 31일	• 비업무용 부동산 파악을 위한 부동산 이용실태 조사제도 폐지

주 : 1) 용어상 혼란이 있으나 '주력기업'이란 통상산업부의 업종전문화 유도 시책에 따라 주력기업으로 선정된 기업을 의미하고, '주력업체'란 그중에서 바스켓 관리에서 제외되는 기업을 의미.

자료 : 은행감독원.

(3) 여신관리제도 개편실적의 평가와 과제

〈표 14〉의 추진실적은 일일이 상세하게 소개할 필요가 없을 정도로 여신관리제도가 종래 투자, 부동산 취득, 해외영업 등 기업의 고유한 영역을 규제하던 측면은 대폭 축소된 반면, 은행의 여신공급이 소수 기업에게 편중되어 안정성이 훼손되지 않도록 동일인 여신한도와 거액여신 총액한도제 등 은행의 건전경영을 위한 규제는 강화된 특징을 보여주고 있다. 이는 과거 정상을 벗어난 여신관리제도의 지나친 규제적 성격을 감안할 때 분명히 바람직한 방향이라고 평가된다. 즉, 은행감독원은 이제 은행에 대하여 정상적인 규제만을 부과하게 되고, 은행은 더이상 고객인 기업에게 규제의 악역을 담당하지 않아도 되는 변화가 이루어지고 있는 것이다.

이러한 변화를 가능하게 한 것은 기본적으로 최근 수년간 금융시장과 자본시장의 여건이 호전되었기 때문이다. 다소 기복은 있었으나 자본시장의 꾸준한 발전으로 대기업들은 증시를 통한 자금조달이 과거보다 더욱 용이해졌고, 제2금융권의 여신공급 기능이 빠르게 성장했으며 과거와 달리 해외자본시장과 금융시장의 활용도 또한 높아졌다. 더구나 경기회복으로 인해 기업 스스로 내부유보를 확보했으며, 단계적 금리자유화로 과거와 같이 특혜성 은행대출에만 의존하던 상황이 변화하고 있는 것이다. 과거의 여신관리제도가 비정상적인 금융시장 환경 때문에 비정상적인 제도일 수밖에 없었듯이, 이와 같은 시장상황의 변화는 정부로 하여금 당초 계획

했던 바대로 여신관리제도를 정상적인 금융시장 개입수단으로 발전시킬 수 있도록 허용한 셈이다. 실제로 최근 수년간 일부 초우량 대기업들은 이제 은행돈도 가려 쓰는 시대를 맞이함으로써 과거 방식의 여신관리제도는 서서히 용도폐기될 운명을 맞이하고 있다. 〈표 13〉에서 쉽게 확인할 수 있듯이 90년대에 들어와서 30대 재벌 은행대출금의 절대액은 경상가격 기준으로도 크게 늘지 않았으며 그 비중은 오히려 감소하는 현상을 나타내고 있다.

한때 여신관리제도가 재벌과 경제력집중의 문제를 해결하기 위한 중요한 수단으로 인식되었던 상황에 비추어 볼 때 이러한 변화는 놀라운 것이다. 특히 여신관리제도의 개편이 재벌규제의 완화로 인식되면 자연히 각계각층의 강력한 반발을 야기할 것 같았으나, 시장 상황의 변화에 따른 제도의 자연스러운 변경이 큰 무리가 없다는 점이 드러나면서 제도개편에 반발하는 목소리는 설득력을 잃게 되었다.

그럼에도 불구하고 아직 금융시장과 자본시장은 자유화, 개방화와는 거리가 먼 상태이고 여신한도관리까지 완전히 폐지하고 모든 규제를 동일인 여신 한도와 거액여신 총액한도제에만 맡겨 두기에는 이른 시점이다. 또한 비록 1~10대 재벌에 국한되어 있으나 부동산 취득에 대한 일부 규제가 남아 있기 때문에 향후 나머지의 규제적 요소를 언제 철폐할 것이냐가 계속 과제로 남아 있다. 한도관리 등을 언제 폐지할 것이냐 하는 문제는 금융시장의 발전상황에 달려 있으며 한도관리 역시 머지않은 장래에 무용지물이 될 상황이 도래할 것으로 전망되므로, 지금 당장 한도관리까지 폐지해야 한다는 주장은 설득력이 약하다. 다만 한도관리 이외의 규제는 가능한 한 축소되는 것이 타당할 것이다.

오히려 현행 여신관리제도에서 큰 취약점은 업종전문화 유도시책을 수용하느라 제도 적용이 업종차별적으로 되어버렸다는 점이다. 사실 업종전문화 유도를 위하여 여신관리제도를 동원하는 것이 과연 타당한가를 따지려면 업종전문화 유도시책 자체의 타당성을 논의해야 하기 때문에 이는 뒤에서 언급하기로 한다. 다만 한도관리나 자구노력 등이 아직도 필요한 제도라면, 이러한 장치의 의의를 훼손하면서까지 주력기업, 비주력기업의 구분에 따라 차별적 적용이 이루어지는 것이 타당한지 의문시된다.

〈인용문 10〉은 현재 폐지를 향하여 치닫고 있는 여신관리제도에 관한 비교적 균형 잡힌 평가를 싣고 있다. 오늘날의 여건하에서 여신관리제도를 바라보는 시각과 앞으로 이 제도를 폐지할 경우 필요한 보완조치에 대하여 참고할 만한 내용이다.

〈인용문 10〉

여신규제 폐지하려면

정부는 4월부터 여신관리 규제대상 그룹을 30대 재벌에서 10대 재벌로 축소할 방침이다. 따라서 11~30대 재벌은 여신규제대상에서 제외되고 앞으로 10대 재벌에 대한 여신관리도 폐지할 가능성이 작지 않다. 신경제 5개년 계획 금융개혁 부문에서는 여신관리를 단계적으로 폐지하기로 되어 있다. 이 제도는 그동안 대기업에 대한 경제력집중 및 편중여신을 완화하는 데 어느 정도 효과가 있었던 것이 사실이다. 그러나 여신관리 규제가 기업투자 및 경영 전반에까지 지나치게 관여한다는 비판도 만만치 않았다.

원칙적으로 경제력집중 문제는 여신관리보다는 공정거래제도 등 경쟁정책으로 해소해야 한다. 시장개방도 경쟁촉진을 위해서 효과적인 방안이 된다.

한편 편중여신 문제는 은행법상의 동일인 여신한도 규제나 거액여신 총액한도제 등으로 해소할 수 있다. 따라서 이번의 여신규제대상 축소는 적절한 조치라고 생각된다. 다만 10대 재벌을 다스리기는 어려운 것이 우리 경제의 구조적 문제이다. 이들에 대한 여신규제의 전면 폐지는 시기상조라고 할 수도 있다. 더구나 최근 우리 경제의 심각한 문제는 대기업의 풍요 속에 중소기업의 어려움이 가중되는 경제의 양극화 현상이다. 정부는 중소기업에 대한 여신을 확대하기 위해서 온갖 노력을 기울이고 있으나 그 효과는 대단치 않은 것 같다. 이런 상황에서는 상당한 어려움이 있었을 것이다.

그럼에도 불구하고 장기적인 관점에서 여신관리 규제를 풀게 된 배경에는 대기업의 은행대출 의존도가 줄어들었기 때문이라고 본다. 실제로 최근 몇 년 동안 30대 그룹이 빌려 쓰고 있는 은행대출금 비중은 상당히 줄어든 것으로 나타났다.

대기업들은 이제 자체 신용으로 직접금융 및 해외금융을 통한 자금조달을 늘리고 있다. 특히 금리자유화, 자본자유화 등 금융환경이 크게 변함에 따라 앞으로 대기업의 은행 이용은 더욱 줄어들 전망이다.

한편 중소기업의 자금난도 인위적으로 신용대출을 확대하거나 중소기업에 대한 은행대출을 늘린다 해도 해소되지 않는다. 그보다 금리자유화 및 자본자유화 등을 통한 금융시장의 경직성을 해소하는 것이 중소기업 자금난뿐 아니라 대기업의 은행대출 의존도도 낮추는 길이다.

앞으로 여신관리를 전면 폐지하기 위해서는 안정적인 금융환경을 마련하는 것이 매우 중요하다. 종래의 인플레이션, 부동산투기, 과열·중복 투자 등 자금의 가수요를 부추기는 금융환경에서는 대기업의 편중여신과 중소기업의 자금난이 심화되는 경향을 보였다. 이와 아울러 직접금융 및 해외금융에 대한 규제도 완화하되 증시의 거래질서는 확립해야 한다. 이번에 정부는 여신 규제대상을 축소하면서 동시에 그들에게 보험, 합작증권사 등의 설립도 허용한다고 한다. 따라서 여신관리는 풀더라도 금융기관이 대기업의 사금고가 되지 않도록 감독이 강화되어야 한다. 금융자율화와 금융기관의 건전경영을 위한 감독 강화는 항상 함께 해야하는 것이다.

-《매일경제신문》, '사설', 1996년 2월 8일

3. 업종전문화 시책의 실적과 평가

(1) 업종전문화 시책의 추진배경과 주요 내용

재벌과 경제력집중에 대한 현 정부의 다양한 정책수단 중에서(〈표 10〉 참조) 아마도 업종전문화 시책만큼 그 도입 여부를 둘러싸고 논쟁이 치열했던 경우도 없었을 것이다. 사실 업종전문화 시책이란 현 정부에 들어서 새롭게 제기된 아이디어라고 볼 수는 없다. 1989년 이후 약 5년 동안 경쟁력위기론이 우리 사회의 화두가 되면서 정부는 대기업의 경쟁력 강화를 위해서는 여신관리제도의 일부 규제를 풀어야 한다는 생각을 갖게 되었고, 1991년 6월 시행된 주력업체제도는 이러한 의지를 정책으로 옮긴 것이다.

주력업체제도라는 이름은 새로운 산업정책인 듯했으나 사실 그 핵심내용은 30대 재벌의 76개 계열사를 주력업체로 지정하고 이들에게 여신관리제도상의 바스켓 관리, 자구노력 의무 등의 규제를 면제한 것이었다. 즉, 주력업체제도의 본질은 단순히 재벌의 일부 계열사에 대하여 여신 측면의 규제를 면제한 것이었다. 주력업체제도는 대기업들까지 불황으로 고전을 면치 못하고 여타의 재벌규제가 강화되던 1991년에 도입된 제도였기 때문에 이 제도의 타당성에 대한 논의가 활발히 이루어지지는 않았다. 그러나 수면 밑에서는 주력업체제도의 도입을 둘러싸고 반대의견도 있었다.

주력업체제도에 대한 반대는 다음과 같은 네 가지로 압축된다. 첫째, 몇몇 주력업체에 대하여 자금공급을 확대함으로써 경쟁력 강화와 업종전문화가 달성될 수는 없다는 비판이었다. 둘째, 개방화 시대에 주력업체제도와 같은 제도는 비록 그것이 기존 규제를 완화한 것에 불과하지만 '특정산업 육성(industrial targeting)'이라고 인식되어 통상마찰을 야기할 수 있다는 비판이었다. 셋째, 주력업체 제도는 인센티브 구조상 재벌의 기회주의적 반응 때문에 국민경제적으로 필요한 구조조정을 오히려 왜곡할 수도 있다는 비판이었다. 즉, 재벌이 업종의 장래성이나 계열사의 경쟁력을 보고 주력업체를 선정하기보다는 재무구조가 취약하거나 대규모 투자가 필요한 계열사를 선택하여 대출을 최대한 끌어들이려는 유인이 있다는 것이다. 넷째, 재벌그룹의 기업금융은 기본적으로 한 주머니에서 돈을 꺼내어 쓰는 자금동원의 내부화가 그 본질인데, 아무리 주력업체를 선정하여 여신관리대상에서 제외하고 대출금 사후관리를 강화하더라도 대출금이 전용되거나 유용되는 것을 막을 수 없다는 비판이었다.

1991년의 주력업체제도에 대한 이러한 비판은 비록 공론화되지는 않았으나, 정부가 제도 도입을 추진하는 동안 정부 안팎에서 진지하게 제기되었다. 경쟁력 강화와 업종전문화라는 주력업체제도의 목표가 타당한지, 이 제도를 실행하면 과연 원하는 효과를 얻을 수 있을 것인지에 대한 의문도 중요했다. 그러나 이러한 원론적 차원의 의문보다 중요했던 의문은 여신관리제도상의 규제를 완화할 필요가 있다면, 굳이 주력업체에 대하여 차별적으로 완화해야 하는지, 아니면 업체를 구분하지 말고 무차별적으로 규제를 완화할 것인지였다. 흥미로운 사실은 주력업체제도 도입 시점을 전후하여 이미 이 제도를 주력업종제도로 확대하고, 정책수단도 여신관리제도뿐 아니라 출자규제 등에까지 확대해야 한다는 주장이 당시의 상공자원부를 중심으로 꾸준히 제기되었다는 점이다.

현 정부 출범 이후 신경제 5개년 계획이 수립되는 과정에서 주력업체제도는 업종전문화 시책이라는 새로운 이름을 얻게 되었다. 1993년 7월 신경제계획은 재벌의 업종전문화 및 세계 일류기업화를 촉진하기 위하여 다음과 같은 방안을 제시하고 있다.

신경제 5개년 계획의 업종전문화 시책 추진방향(1993. 7. 2)

〈업종전문화의 필요성〉

· 개방화 및 국제화에 따라 국내외 시장에서의 경쟁이 더욱 치열해질 것이므로 대규모 기업집단이 비관련다각화를 지양하고 '주력업종'에 한정된 재원을 집중 투자하여 업종의 전문화를 촉진함.

· 선진국의 일류기업과 효과적으로 경쟁할 수 있도록 '주력기업'의 대형화와 일류기업화를 유도함.

· 산업의 전후방 연관효과와 기술융합 등 기술의 상승효과가

극대화되도록 관련다각화를 통해 산업경쟁력을 제고함.
· 정부의 지원 및 유도시책을 통해서 기업의 자율적 노력을 뒷받침함으로써 업종전문화를 촉진함.

〈업종전문화 대상의 선정〉
· 30대 기업집단을 업종전문화 대상으로 함.
· 각 기업집단은 대규모 투자가 소요되고 타산업에 전후방 연관효과가 크며 고도의 기술수준이 요구되는 업종 중에서 3개 이내의 '주력업종'을 선정함.
· 해당 기업집단은 '주력업종'에 속하는 계열기업 중 전후방 연관효과 및 기술융합화 효과가 있는 소수 기업들을 '주력기업'으로 선정함.
· '주력업종'의 선정이 특정 업종에 지나치게 집중되는 경우에는 업계 자율에 의하여 조정함.
· 기업은 기업공개 및 유상증자를 확대하고 설비투자 및 기술개발 노력을 강화하여 '주력업종'으로의 전문화 및 세계일류화를 위해 노력함.

〈주력기업에 대한 지원 및 규제〉
· 정부는 '주력기업'에 대하여 가능한 범위 내에서 여신관리, 기술개발자금 및 공업입지 등에서의 우대조치를 강구함. * 다만, 여신관리에 관한 사항은 여신관리지침에 따라서 추진함.
· '주력기업'이 비주력업종에 속한 계열기업에 대하여 출

자를 하거나 채무보증을 하는 경우에는 공정거래법상의 출자총액제한 및 채무보증제한을 강화함.

· 업종분류 등 업종전문화의 구체적인 실시 방안은 관계 부처, 업계, 유관기관의 의견을 수렴하여 산업정책심의회에서 확정함.

신경제계획의 이 같은 기본방침에 따라 당시 상공자원부의 제안으로 학계, 업계, 연구기관 등이 참여한 업종전문화협의회(1993. 7. 28)가 구성되었고 이 협의회에서는 주력업종의 선정(업종분류, 주력업종 선정기준, 신규업종 인정 여부, 기업규모별 주력업종 수 차등 여부, 주력업종의 변경기준 등)과 주력기업의 선정(선정기준, 주력기업 수, 다업종기업의 처리, 주력기업의 변경기준 등)에 대하여 논의하였다.

이러한 과정을 거친 후 1993년 10월 29일 산업정책심의회는 업종전문화 시책 추진방안을 최종 확정하였고, 1993년 11월 18일 상공자원부는 이를 고시하였다(상공자원부 고시 제1993-103호, '대규모 기업집단의 업종전문화시책 추진방안'). 이 고시에 따라 30대 재벌은 주력업종과 주력기업을 선정하였고, 1994년 1월 상공자원부는 주력업종과 주력기업을 최종 확정 발표하였다. 상공자원부가 확정 발표한 업종전문화 시책의 개요는 다음과 같다.

업종전문화 시책의 개요(1993. 11. 18)

〈적용대상〉

· 공정거래법상 30대 기업집단(자산총액 기준)

· 여신관리제도상 30대 기업집단(대출금 기준)

〈주력업종의 선정〉

· 농수산업, 금융보험업, 기타 서비스업을 제외한 12개 업종을 대상)[1)]

· 신규업종은 산업정책 차원에서 신규진입이 허용되고 신규업종에 진출하여 경쟁기반을 갖춘 경우 가능

· 상위 10대 기업집단은 3개 업종, 11대 이하 기업집단은 2개 업종 주력기업의 선정)

· 전업률(당해 업종의 당해 기업 내 비중)이 70% 이상이고 매출액 비중(당해기업 매출이 당해그룹 당해업종 총매출액에서 차지하는 비중)이 10% 이상인 기업

〈주력업종 및 주력기업의 변경〉

· 3년 이내 변경 불가능

〈유도시책〉

1. 여신관리제도상의 규제완화
2. 국내 및 해외금융 조달의 원활화
3. 공정거래법상의 출자한도 규제완화

4. 공업입지상의 규제완화
5. 선도기술개발사업(G7프로젝트) 등 중장기 기술개발사업에의 참여 확대
6. 기타 업종전문화 유도를 위해 필요한 시책

〈비주력업종, 비주력기업의 정리 유도시책〉
1. 여신관리제도상의 자구노력의무 부과
2. 공정거래법상의 출자총액한도의 전반적인 인하

주 : 1) 12개 업종은 식료품 제조업, 섬유·의복 제조업, 목재·종이·가구 제조업, 에너지·자원 산업, 화학제품 제조업, 비금속광물제품 제조업, 철강 및 비철금속 제품 제조업, 기계장치 제조업, 전기·전자 및 정보 산업, 자동차 및 기타 수송기계 제조 업, 건설업, 유통업 및 운수창고업 등임.

정부의 이 같은 시책에 따라 총 32개 기업집단은 〈표 15〉에서와 같이 총 118개의 주력기업을 선정하였다. 이와 같이 선정된 주력기업에 대하여 정부는 당초 다양한 유도시책을 약속하였으며, 이 제도를 관장하는 주무부처인 통상산업부는 재정경제원, 은행감독원, 공정거래위원회, 건설교통부 등에 대하여 당초 방안에 명시된 유도시책을 여신관리제도, 국내외 금융규제, 출자규제제도, 공업입지정책 등에 반영해 줄 것을 꾸준히 협의하여 왔다. 그러나 막상 정책수단을 보유하고

있는 부처에서는 여러 이유를 들면서 유도시책의 수용에 난색을 표명하는 경우가 많았고 이러한 협상은 아직도 진행 중이다.

여신관리제도의 경우 〈표 14〉에서 보듯이 1994년 1월 20일 여신 관리제도 개편 시 업종전문화시책 지원을 위하여 1991년 이래의 주력업체제도를 개선한 바 있다. 그러나 이 중에서 바스켓 관리 제외에 대해서는 〈표 15〉에서 보듯이 78개 주력기업에 대해서만 바스켓 관리에서 제외함에 따라 과거의 주력업체제도와 비교하여 변화가 없으며, 118개 주력기업 중 40개사는 여전히 바스켓 관리의 대상이 되고 있다.

〈표 15〉 32대 기업집단의 주력업종 및 118개 주력기업

연번	그룹명	주력업종	주력기업
1	현대	전기전자, 자동차, 에너지	현대전자*, 현대자동차*, 현대차서비스, 현대정유*, 세일석유 .
2	삼성	전기전자, 기계, 화학	삼성전자*, 삼성중공업*, 삼성항공, 삼성종합화학*, 삼성석유화학
3	대우	기계, 자동차, 유통운수	대우중공업*, 대우자동차*, 대우
4	LG	전기전자, 화학, 에너지	LG전자*, LG반도체*, LG화학*, LG석유화학, 호남정유, 세방석유
5	선경	에너지, 화학, 유통운수	유공*, 흥국상사, SKI*, SKC*, 선경, 유공해운
6	한진	기계, 유통운수, 건설	한진중공업*, 대한항공*, 한진해운, 한진건설*, 한진종합건설
7	쌍용	에너지, 비금속, 자동차	쌍용정유*, 범아석유, 쌍용양회*, 쌍용자동차*
8	기아	자동차, 철강	기아자동차, 아세아자동차*, 기아기공*, 기아특수강*
9	한화	에너지, 화학, 유통운수	한화에너지*, 한화종합화학*, 한화*, 한양유통
10	롯데	식료품, 화학, 유통운수	롯데제과*, 롯데칠성음료, 롯데햄우유, 호남석유화학*, 롯데쇼핑*, 롯데 역사
11	금호	화학, 유통운수	금호*, 금호석유화학*, 아시아나항공*

12	대림	건설, 비금속	대림산업, 대림요업*, 대림콩크리트*
13	두산	식료품, 건설	동양맥주*, 두산음료*, 두산종합식품, 두산건설*, 두산개발
14	동아	건설, 유통운수	동아건설*, 대한통운*
15	한일	섬유의복, 건설	한일합섬*, 경남모직*, 한효건설*
16	효성	화학, 전기전자	동양나일론*, 동양폴리에스터*, 효성바스프, 효성중공업*
17	동국제강	철강, 유통운수	동국제강*, 한국철강*, 연합철강*, 국제통운, 천양항운
18	삼미	유통운수, 철강	삼미*, 삼미종합특수강*
19	한라	자동차, 기계	만도기계*, 한라공조*, 한라중공업
20	동양	전기전자, 유통운수	동양 SHL, 동양매직, 동양마트
21	코오롱	화학, 유통운수	코오롱*, 코오롱유화*, 코오롱상사*
22	진로	식료품, 유통운수	진로*, 진로종합식품*, 진로쿠어스맥주*, 진로종합유통, 청주진로백화점
23	동부	철강, 유통운수	동부제강*, 동부산업*, 동부고속*
24	고합	화학, 유통운수	고려합섬*, 고려종합화학, 고려석유화학*, 고합물산*
25	극동	건설, 비금속	극동건설*, 국제종합건설*, 극동요업*
26	우성	건설, 유통운수	우성건설*, 우성유통*
27	해태	식료품, 유통운수	해태음료, 해태산업, 해태상사*, 해태유통*
28	벽산	비금속, 건설	벽산*, 벽산건설*, 벽산개발*
29	미원	식료품, 화학	미원, 미원유화
30	삼양	식료품, 화학	선일포도당*, 삼양사*, 삼남석유화학*
31	한보	철강, 건설	한보철강*, 한보
32	동국무역	섬유의복	동국무역, 동국방직, 동국합섬

주 : * 표시는 여신한도관리에서 제외되는 주력업체 (78개)임.
자료 : 통상산업부, 1995.

출자규제제도의 경우 당초 통산부는 주력기업의 경쟁력 강화를 위하여 주력기업에 대한 비주력기업의 투자에 대해서는 예외인정을 원했는데 이러한 요구는 공정거래법 개정에 어느 정도 반영되었다. 공정거래법 개정(1994년 12월)에 따라 1995년 4월 개정된 공정거래법 시행령은 상장된 비주력기업이 주력기업의 신주를 취득 또는 소유하는 경우와 상장된 주력기업이 동일한 주력업종을 영위하는 기업으로써 전업률 70% 이상인 기업의 신주를 취득 또는 소유하는 경우(다만 후자의 경우 1~5대 기업집단은 제외) 출자총액을 7년간 유예하고 있다.

한편 여타의 유도시책에 대해서는 아직 뚜렷한 변화가 없으나 주력기업에 대하여 해외금융 조달, 회사채 발행, 유상증자 등에 있어서 우대하고 있다. 이 밖에 기술개발과 공업입지상의 규제완화를 위해서는 주력기업이 정부주도의 중장기 기술개발에 참여할 경우 수행과제의 수에 대한 제한을 철폐하고, 개발사업비의 지원비율도 40%에서 50%로 확대하는 한편, 중화학공업의 주력기업이 공유수면 매립사업을 통하여 원활히 공장용지를 확보할 수 있도록 하는 등의 조치가 있었다.

(2) 업종전문화시책의 평가 : 실상과 허상

이상의 상세한 내용은 현 정부 업종전문화시책의 전부이다. 이 제도는 현 정부가 과거의 주력업체제도를 확대하여 30대 재벌의 업종전문화와 국제경쟁력 강화를 촉진한다는 목표 아래 기존의 몇 가지 재벌규제와 산업정책적 규제·지원 등에 있어서 주력기업을 우대한 것이며, 그 이상도 그 이하도 아니다. 물론 이러한 유도시책이 재벌의 사활을 좌우할 만큼 중요한 것이라면 문제가 다르지만, 여태까지 제시된 유도시책의 구체적 내용이 기업의 운명을 좌우할 만큼 중요했던 것은 아니다. 그럼에도 불구하고 1993년 7월 신경제5개년 계획에 이 제도의 기본 방향이 제시된 이래 업종전문화 시책은 큰 반향을 불러일으켰고 정부, 재계, 학계는 이 제도의 도입취지, 정책수단 등을 둘러싸고 열띤 논쟁을 벌였으며, 이 제도에 대한 찬반논리는 오늘날까지도 평행선을 달리고 있다. 왜 그러했던가?

업종전문화 시책을 평가하기 이전에 이 제도를 도입한 정부가 공식적으로 밝힌 시책의 추진배경, 필요성, 기대효과 등은 〈인용문 11〉에 분명하게 나타나 있다. 이 글에는 업종전문화 신봉자들이 즐겨 사용하는 몇 개의 키워드(key word)가 있다. '세계 일류기업', '대형화, 전문화', '집중투자', '비관련 다각화' 등은 1991년의 주력업체제도 도입 이래 재벌의 업종전문화를 주장하고 정부가 전문화 유도를 위하여 무엇인가를 해야 한다고 믿는 측이 즐겨 사용한 용어 들이었다. 〈인용문 11〉을 읽어 보면 우리나라 재벌들이 과도한 다각화를 지양하고 각자의 능력을 몇 개의 경쟁력 있는 분야에 집중하여 대형화, 전문화하지 않으면 세계 일류기업이 될 수 없고 소위 무한 경쟁 시대에 살아남지 못할 것이라는 위기의식이 짙게 깔려있음을 알 수 있다. 더구나 재벌의 자율에만 맡겨 두면 대형화, 전문화가 이루어지지 않을 것이므로 정부가 '구체적인 시책'을 마련해야 한다는 산업정책적 정부개입의 당위성까지 명시되어 있다.

〈인용문 11〉

업종전문화 시책의 추진배경, 필요성과 기대효과

국가 간 경제력 경쟁이 날로 치열해지고 있는 가운데, 우리 경제의 개방과 국제화도 급속히 진전되고 있다.

지금까지 산업정책을 수행하고 있지 않던 미국까지도 정부와 기업이 협력 하여 기술혁신과 무역확대를 위하여 국가의 가용자원을 총동원하고 있는 상황이며, 특히 UR의 타결로 세계경제의 개방화가 더욱 촉진되고 우리 시장의 전면개방도 피할 수 없는 실정에 처하게 되었다.

그러나 우리 기업은 세계일류기업에 비해 그 규모 및 경쟁력에서 현저한 격차를 보이고 있어 대형화와 기술혁신이 시급한 현실이다. 우리나라 주요 기업을 일본, 미국 등 선진국의 일류기업과 비교하면 매출액과 기술개발 투자가 1/5~1/20 수준에 불과한 실정이다. 이 문제를 해결하기 위해서는 무엇보다도 기업이 경쟁력 있는 분야에 총력을 투입하는 전문화가 확립되어야 하나, 우리 기업은 아직도 20~55개 계열기업을 거느리고 6~12개 업종을 영위하고 있어 투자 및 기술개발 노력의 분산으로 치열한 국제경쟁에 나서는 데 어려움을 안고 있는 형편이다.

이러한 상황에 비추어, 최근 일부 대기업이 자체적으로 업종전문화를 추진하고 있으나 업계의 자율적인 노력만으로 소기의 성과를 거둘 수 없고, 개별 기업집단이 독자적으로 업종전문화를 추진하는 것보다는 정부가 구체적인 시책을 마련하여 이를 뒷받침하는 것이 대기업의 업종전문화를 촉진하여 산업 전반에 걸쳐 경쟁력 있는 산업군의 육성이 가능할 것이라고 판단되어 정부가 이 시책을 수립하게 된 것이다.

업종전문화 시책의 기대효과는 주력업종과 주력기업을 중심으로 해당 기업집단이 한정된 자원을 집중투자함으로써, 기계, 자동차, 전자 등 대규모 투자가 소요되는 분야에서는 기술혁신과 대량생산으로 국제경쟁력을 강화하고 세계시장을 겨냥한 생산·판매·기술 개발체제를 구축함으로써 기업의 국제화가 촉진되고, 이를 통해 세계 일류기업으로 발전해 나갈 수 있게 될 것으로 기대된다.

그리고, 주력업종을 중심으로 기업의 조직이 재편됨으로써 기업의 경영 및 기술혁신을 촉진하게 되고 대기업집단의 업종다변화와 비관련다각화를 방지함으로써 중소기업의 건전한 발전을 촉진할 수 있을 것으로 기대된다.

UR 타결로 국제경쟁력 강화가 시급한 상황에서 동업종전문화 시책을 바탕으로 우리 경제에서 막중한 위치를 점하고 있는 대규모 기업집단이 세계 일류기업으로 발돋움할 수 있도록 업계와 정부가 함께 노력해 나가야 할 것이다.

-《상공자원백서》, 1994년

이 무렵 즐겨 인용되던 비교는 전자산업에서 미국의 GE, 일본의 마쓰시타가 각각 삼성전자의 10배와 6배, LG전자의 14배와 9배 규모이고(매출액 기준) 삼성그룹이나 LG그룹 전체보다도 몇 배의 규모라는 사실과, 자동차산업에서 미국의 GM과 일본의 도요타가 각각 현대자동차의 23배와 9배 규모이고 현대그룹 전체보다 몇 배의 규모라는 사실이었다. 업종전문화 시책은 이같이 세계 일류기업의 경쟁력에 대한 몇 가지 전제를 바탕으로 지난 5년여 기간 동안 일종의 정책유행이 되어 왔다.

과연 그러한가? 우선 업종전문화의 기본적인 발상에 대한 의문이 제기되었다. 능력을 집중하여 전문화하고 대형화하는 것이 과연 재벌의 경쟁력을 제고하는가? 거꾸로 현재와 같이 다각화된 재벌의 사업구조는 비효율을 의미하는가? 전문화나 관련다각화는 경쟁력 제 고에 도움이 되고 비관련다각화는 경쟁력을 저해하는가? 무엇이 관련이며 무엇이 비관련인가? 이 같은 의문은 단순하지만 밝히기 힘든 의문으로 계속 이어진다. 규모가 중요하다면 지금보다 훨씬 더 작았던 10년 전, 20년 전 우리 재벌들은 어떻게 해외시장을 개척하고 오

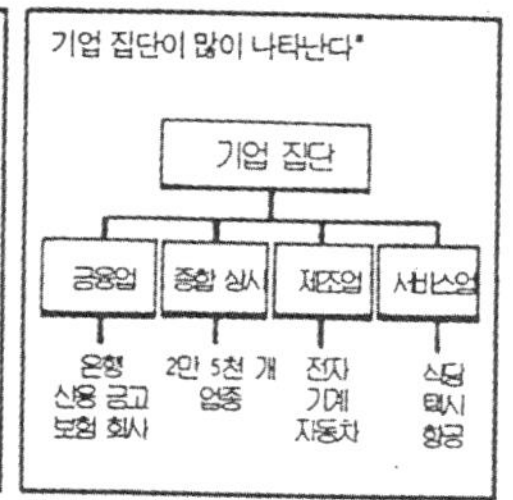

(이원복 · 송병락, 1993, 110면)

(이원복 · 송병락, 1993, 111면)

늘에 이르렀는가? 삼성전자, LG전자, 현대자동차 등은 아직도 세계 최고의 기업과 비교하면 훨씬 작은 규모인데, 어차피 희망이 없다는 것인가? 전문화가 경쟁력을 보장한다면 과거 전문화된 재벌이 더욱 성공했어야 하는 데, 왜 현실세계에서는 다각화된 기업들이 대부분 살아남고 더욱 성장할 수 있었던가? 전문화하는 것이 사는 길이라면 재벌들은 망하기 위하여 다각화한다는 말인가?

업종전문화의 전제에 대한 문제 제기는 더 나아가 정부개입의 타당성이나 시책의 구체적 내용에 대한 의문으로 이어졌다. 설사 업종전문화가 재벌의 경쟁력 제고를 위하여 타당한 선택이라 하더라도 정부가 개입하여 전문화를 강제하거나 유도하는 것이 과연 타당한가? 10대까지는 3개의 주력업종, 11대 이하는 2개의 주력업종을 인정하고 주력업종과 주력기업을 선정하는 기준은 타당한가? 여신관리, 출자규제, 금융조달, 공업입지, 기술개발사업 참여기회 등의 수단을 활용하여 주력기업을 우대하면 이들의 경쟁력이 강화되는가? 무엇보다도 업종전문화 시책은 전문화 효과가 있는가?

이 같은 수많은 의문이 제기되면서 업종전문화의 기본 발상에서부터 유도시책의 실효성까지 업종전문화 시책 전반을 비판적인 시각에서 바라보는 의견이 표출되기 시작하였다. 앞서 지적했듯이 이러한 문제 제기는 현 정부의 업종전문화 시책에 대해서만 제기된 것은 아니다. 1991년 노태우 행정부가 주력업체제도를 도입하여 30대 재벌 76개 주력업체에 대하여 여신관리제도의 일부 규제를 면제했을 당시에도 이미 그러한 제도의 취지와 수단의 적합성에 대한 비판이 제기되었다. 그러나 현 정부 들어서 업종전문화시책이라는 이름으로 확대되고 이것이 현 정부의 중요한 경제정책으로 알려지면서 이에 대한 반발 또한 표면화되었다고 볼 수 있다.

아직 이 제도가 시행된 지 2년밖에 되지 않은 시점에서 그 실적을 평가하기는 이르며, 업종전문화에 대한 비판적 견해를 일일이 소개할 필요는 없겠으나 그 비판의 요지는 대략 이러하다. 각 재벌이나 각 기업은 효율성 측면에서 상당한 차이를 나타내는데 겉으로 보기에 전문화 정도가 높다고 효율적이라는 발상은 결코 현실과 일치하지 않는 위험한 가정에 불과하다는 것이다. 기업규모의 대형화가 경쟁력을 제고한다는 주장 또한 규모와 경쟁력의 인과관계에 대하여 일방통행식의 과장된 논리일 뿐이라는 비판이다. 즉, 규모의 경제가 현저하게 작용하는 산업에서 기업규모가 크다는 것이 경쟁력에 도움은 되겠지만 경쟁력이란 단순히 규모순으로 결정되는 것이 아니고, 경쟁력의 원천은 기업의 핵심능력(core competence)이며 경쟁력에 따라 확보되는 세계시장점유율이 기업규모라는 결과를 가져올 뿐이라는 인과관계에 주목해야만 한다.

우리나라 재벌이 가진 핵심능력의 포트폴리오는 60년대, 70년대, 80년대, 90년대에 걸쳐 동태적으로 변화하여 왔으며, 2000년대에도 계속 변화할 것이다. 작은 라디오 공장에서 시작하여 TV 조립공장을 만들고 이제는 반도체로 세계시장을 석권한 우리나라 전자회사들에게 규모가 중요했다면 이들이 어떻게 세계시장을 겨냥하여 수출하면서 성공적으로 클 수 있었겠는가? 대형화를 강조하는 논리는 일면 타당하지만, 한 기업의 출생과 성장과 그에 따른 성과가 왜 기업마다 다른지를 설명하지는 못한다. 경쟁력이란 한마디로 이해하기 어려운 생존능력이며 이를 일의적으로 단정하고 정부가 그에 대한 시책을 편다는 것은 그만큼 힘들고 위험하다. 돈을 집중하고 전문화, 대형화한다고 경쟁력이 강화되는 것은 아니다.

오히려 우리나라 재벌들은 그냥 내버려 두어도 자신들이 반드시 하고 싶은 사업이 있다면 무모하리만치 전 계열사가 총동원되어 그룹 차원에서 그 사업을 수행한다. 국내 굴지의 재벌이 새로운 사업에 착수하여 그 사업을 키워 온 역사가 이를 증명하며, 현재에도 이러한 그룹 내부의 힘의 결집은 계속되고 있다. 이들이 과거 전문화하기보다는 열심히 다각화로 사업을 확장한 사연을 이해하려면 그 뿌리에 대한 깊은 통찰이 필요한데, 우리는 이미 II장에서 재벌의 다 각화가 비효율이라고 단정할 수 없음을 지적한 바 있다. 이렇게 본다면 전문화, 대형화가 경쟁력을 제고하여 우리나라 재벌기업들을 세계 일류기업으로 키울 것이라는 업종전문화 시책의 기본 전제부터 잘못된 것이라는 비판은 일리가 있다.

업종전문화 시책에 대한 비판은 이같이 제도 도입의 취지를 문제 삼기도 하지만 사실 중요한 점은 취지보다는 시책이다. 즉, 재벌들을 움직이도록 하는 것은 그 정책수단이 무엇이냐에 따라 전적으로 좌우될 것이기 때문이다. 정부가 제시한 업종전문화의 유도시책을 비판하는 견해에 따르면, 그 내용이 하향평준화, 경제분점화와 경쟁 제한 등의 부작용을 가지며, 정책이 당초 목표했던 전문화 효과는 없다는 것이다. 1~10대 재벌에게는 3개의 주력업종, 11~30대 재벌에게는 2개의 주력업종을 일률적으로 허용한 것 자체가 각 재벌의 효율성 격차를 무시한 것이며, 잘잘못을 가리지 않는 똑같은 대우는 하향평준화를 초래할 것이라는 비판이다. 정부가 각 재벌의 효율성 격차를 알아낼 방법도 없지만, 설령 효율성 격차를 근거로 규제나 지원을 차별화한다면 당장 형평성의 훼손과 특혜시비를 야기할 것이니, 이 정책은 어차피 실효성 있는 수단이 되기 힘들다는 비판이 그것이다.

또 다른 비판은 주력과 비주력이 규제와 지원에서 차별화된다면 산업이 나눠먹기식으로 분점화되고 갓 시작한 신규진입자는 주력기업이 되기 힘든 점 때문에 결국 우리 경제에서 재벌 간 경쟁은 위축된다는 것이다. 또한 업종전문화라는 정신이 지나치게 확대 해석되어 산업정책적 진입규제의 존폐, 공기업 민영화, SOC 민자유치시 참여자격 제한 등에 영향을 미친다면 경쟁 제한의 폐해가 더욱 클 수 있다는 점도 지적되었다.

마지막으로 중요한 비판은 업종전문화 시책이 그 이름에

걸맞게 재벌의 사업구조를 전문화하는 효과가 과연 있느냐에 관한 것이다. II장 〈표 4〉, 〈표 5〉 등에서 보듯이 최근 수년간 정부가 재벌의 업종 전문화를 주장하지만 재벌의 문어발식 다각화 행태는 변하지 않는 것으로 관측되므로 업종전문화 시책의 전문화 효과에 대한 비판이 제기되는 것은 당연하다. 사실 업종전문화 시책이 가시적인 전문화 효과를 가지려면 비주력업종, 비주력기업에 대한 모종의 조치가 필요한 측면이 있으나 정부가 재벌에게 비주력부문의 처분을 강제할 만한 방법도 없고, 그러한 강제가 타당하지도 않다. 한편 산업의 연관성이나 시너지 효과의 존재를 정부가 판단하여 산업분류를 제시하는 것은 산업발전을 결코 앞서갈 수 없다는 점과 계열사 수나 영위 업종 수와 같은 취약한 지표로 다변화 정도를 측정하는 것이 문제라는 비판도 있다.

업종전문화 시책이 이러할진대 왜 수년 동안 정부, 재계, 학계는 이 제도의 도입을 둘러싸고 첨예한 의견대립을 나타냈는가? 유도시책의 내용은 모두 기존의 재벌규제를 완화한 것에 불과하므로 재벌로서는 이 제도를 적극 환영하고 지지했어야 할 것 같은데, 왜 전경련을 위시하여 재벌들은 이 제도에 알레르기 반응을 나타냈는가? 이 제도가 여러 가지 부작용이 있을 수 있고 그 실효성은 미약하며 재벌들이 자신에게 유리한 정책을 극구 반대하는 모순적인 상황 속에서도 정부는 왜 이 제도를 추진하려 했던가? 아마도 이러한 의문에 대한 열쇠는 업종전문화 시책을 재벌규제정책으로 보느냐,

산업지원 정책으로 보느냐 하는 시각 차이와 정부-재벌관계의 특성에서 찾아야 할 것이다.

재벌로서는 유도시 책상의 규제완화에도 불구하고 정부의 숨은 의도가 주력업종과 주력기업의 선정에서부터 차별적 규제·지원에 이르기까지 70년대 산업정책적 재량주의를 부활시키려는 것이라고 의심하고, 세상이 변하고 있는데 정부의 규제적 속성은 변하지 않는다는 비판을 서슴지 않았던 것 같다. 특히 수십 개의 계열사를 거느리고 수십 개의 업종을 영위하는 재벌의 입장에서는 그룹의 주력업종, 주력기업이 받게 될 조그만 혜택보다는 행여나 비주력부문에 대하여 있을지도 모르는 규제조치가 염려스러웠던 측면이 있다. 업종의 선택을 또다시 정부의 손에 맡기거나 정부와 협의해야 할 때 느끼는 불편과 불만이 정부가 제공하는 당근보다도 더욱 중요했던 것이다.

반면 정부로서는 한편으로 기존의 재벌규제가 불합리하다고 판단되어 규제를 완화하려 했던 반면, 다른 한편으로는 재벌의 무분별한(정부가 보기에는) 사업확장을 어떤 식으로든 견제해야 한다는 동기가 작용하였을 것이다. 물론 다른 어떤 경제정책과 마찬가지로 업종 전문화 시책에 대해서도 정부 내에 의견대립이 있었다. 당시 통상산업부가 이 정책에 대해 가장 적극적으로 추진 의지를 보였던 반면에, 경제기획원, 재무부, 은행감독원, 공정거래위원회 등에서는 제도의 도입취지와 유도시책의 개편을 둘러싸고 비판적인 의견이 제시되기도 하였다.

어쨌든 우여곡절 끝에 탄생한 업종전문화 시책은 정책입안자들의 표현대로 '우리 시대의 마지막 산업정책'으로 기록될 것이다. 이 정책의 앞날이 어떻게 될지, 궁극적인 기여가 무엇이 될지 현재로서는 불확실하지만, 최소한 재벌에게 업종전문화에 대한 경각심을 일깨워 준 선언효과는 충분히 있었다고 평가된다. 1989년 이래 경쟁력 위기 논쟁을 겪으면서 재벌들은 각자 21세기형 사업구조의 재구축에 노력해 왔으며, 업종전문화를 해야 하는지에 대해서 깊이 생각하는 계기를 제공한 것이다.

이제 정부로서는 이 정책을 계속할지, 개편할지, 용도폐기할지 기로에 서 있다. 〈인용문 12〉는 업종전문화 시책의 장래가 불투명하다는 점을 나타낸 글이다.

〈인용문 12〉

업종전문화, "유명무실...... 존재이유 없다"

현 정부의 주요 재벌정책 중 하나인 업종전문화가 시행 2년도 못 돼 사실상 유명무실해져 존폐기로에 놓였다. 정부는 재벌그룹들의 문어발식 경영확장을 막고 기업 대형화를 통해 국제경쟁력을 갖추도록 한다는 취지 아래 지난해부터 30대 그룹에 대해 주력업종 및 주력기업을 골자로 하는 업종전문화를 시행해 왔다.

그러나 업종전문화를 유도하는 각종 정책수단이 차례차례 없어지자 차제에 업종전문화를 전면 폐지하자는 의견까지 나오고 있다. 정부가 업종전문화를 추진하면서 주력기업에 대한 혜택으로 크게 △여신규제 △출자총액 △입지 △기술개발 등을 제시했다. 이중 현재 여신규제의 일부를 제외하고는 대부분 주력기업과 비주력기업이 경영활동을 하는데 큰 차이점이 없다.

특히 지난주 경제차관회의에서 「공업배치 및 공장설립에 관한 법」(공배법) 개정과 관련, 통산부가 요청한 주력기업에 대한 수도권의 기존 공장면적 25% 범위까지 증설 허용이 부결되면서 주력기업에 대한 입지 혜택이 사실상 없어졌다. 정부 스스로가 주력기업에 대한 혜택 부여 필요성을 부인한 셈이다.

이에 앞서 정부는 지난해 1월부터 11~30대 그룹 계열사의 투자 및 부동산 매입 사전승인제를 없앴고 금년 4월부터는 1~10대 그룹 계열사에 대한 투자 사전승인제도 폐지했다. 사전 투자승인이 없어져 주력기업이나 비주력기업들이 신규업종에 진출하는 데 큰 차이가 없게 된 것이다. 다만 1~10대 그룹 계열사의 부동산 취득 제한만 남아 있으나 이 또한 기업규제 완화와 맞물려 이의 폐지도 시간문제라는 지적이다. 정부가 주도하는 국책기술개발에 참여하는 경우 업종전문화 시책에 의거, 30대 그룹은 각각 3개 계열사 이상

참여하지 못하도록 하고 있다. 그러나 재벌그룹들이 국책기술개발 참여에 영향을 받을 정도로 국책사업이 많지 않아 큰 애로점은 없다.

현재 가장 부담을 느끼고 있는 부분은 여신관리규정으로 볼 수 있다. 여신 관리규정상 개별 은행대출의 경우 총대출금액이 1개 그룹당 1~5대 그룹에 대해서는 총대출금액 중 5.27%, 6~30대 그룹에 대해서는 9.88%를 넘지 못하도록 제한하고 있다. 이와 관련, 주력기업이 돈을 빌릴 때에는 이 규정에서 예외인정을 받고 있다. 그러나 이 또한 금융시장 개방과 규제 완화 등을 고려한다면 여신규제도 결국에는 없어질 수밖에 없다.

정부의 한 관계자는 "이의 폐지 시점은 98년께로 볼 수 있다"고 밝혔다. 결국 업종전문화가 하루아침에 이루어지지 않는다는 점을 고려한다면 뿌리도 내리기 전에 관련제도가 거의 폐지될 운명에 놓인 셈이다.

통산부는 업종전문화 실효성 문제가 제기되자 지난 4월 부랴부랴 산업연구원(KIET)에 '업종전문화의 향후 방향'에 대한 용역을 줬으며 KIET는 보고서를 통산부에 제출했고 그 내용은 폐지 쪽으로 가닥이 잡힌 것으로 알려졌다. 통산부는 "지난해 시행된 업종전문화 1기 시한이 오는 96년 말까지로 돼 있는 만큼 이때까지는 현재의 골격을 유지할 것으로 알고 있다"며 "다만 존폐나 수정 여부는 그 이후에 결정될 것이나 업종전문화는 이제 기업 스스로 판단, 결정해야 할 것"이라고 밝혔다. 그러나 재계는 사실상 빈 껍데기 만 남은 업종전문화를 더 이상 유지하는 것은 아무런 의미가 없다며 빠른 시간 내에 폐지하는 것이 바람직하다는 입장이다.

-《매일경제신문》, 1995년 10월 10일

업종전문화 시책은 학계에서도 항상 논쟁의 대상이었다. 우리나라라 재벌의 경쟁력 제고를 위하여 전문화가 필요한 것인지, 만약 전문화가 필요하다면 기업의 자발적 선택보다는 현재 방식의 정부주도형 업종전문화가 필요한 것인지에 대한 논쟁이 꾸준히 전개되어왔다. 어느 주장이 우리의 앞날을 정확히 내다본 것인지는 차차 드러날 것이나, 한 가지 분명한 점은 과거 다각화를 조장했던 각종 인센티브가 우리 경제에서 사라지고 대내외 경쟁이 훨씬 치열하게 전개된다면 재벌은 누가 시키지 않아도 최적의 사업구조를 모색하게 된다는 것이다. 대형화, 전문화는 한때의 캐치프레이즈이지만, 사실 기업이 출생하고 성장하며 죽음을 맞이하는 것은 자본주의의 필연적인 현상이다. 〈인용문 13〉은 앨프레드 마셜이 기업의 생성 및 소멸 과정을 모든 살아 있는 생명체에 비유한 것으로, 업종전문화 시책의 몇 가지 전제에 대해서도 시사하는 바가 크다.

〈인용문 13〉

기업의 출생, 성장, 소멸

오래된 나무들 때문에 햇빛이 가린 숲속의 그늘에서 크기 위하여 애쓰는 나이 어린나무들은 우리에게 의미 있는 교훈을 준다. 그들 중 대부분은 도중에 죽고 몇 그루만이 살아남는다. 살아남은 나무는 해를 거듭할수록 강해지는데, 키가 클 때마다 더 많은 햇빛과 공기를 차지하게 된다. 때가 되면 마침내 부근의 나무 중에서 가장 키 큰 나무가 되어, 영원히 성장할 것만 같고 계속 강해질 것만 같다. 그러나 그렇지는 않다. 그중 한 그루가 다른 나무들보다 더 크고, 더 강할 수는 있지만, 그들 중 아무도 나이를 속일 수는 없다. 한때 키 큰 나무가 햇빛과 공기를 많이 차지했지만, 자신의 생명력이 점점 사라지는 것은 어쩔 수 없으며, 결국 키는 작지만 생명력이 끈질긴 나무에게 자리를 양보할 수밖에 없다.

이렇게 나무의 일생과 같은 것이 기업의 일생이었다. 그런데 근대 주식회사란 정체하면서 쉽게 죽지는 않는 대기업의 탄생을 의미한다.

- 앨프레드 마셜, 《경제학원리》, 1890년

4. 공정거래법에 근거한 재벌정책의 실적과 평가

(1) 공정거래법과 재벌정책의 관계에 대한 이해

여신관리제도와 업종전문화 유도시책은 그 법적 근거가 항상 문제시되었던 반면, 공정거래법은 경제질서의 기본법으로서 우리 경제가 성숙할수록 그 중요성이 더해 가는 제도적 기반이 되고 있다. 일반적으로 경쟁법 혹은 독점금지법은 성숙된 자본주의 국가라면 시장에서의 경쟁규칙을 확립한다는 차원에서 중시하고 있는 법률이다. 1980년 우리나라는 당시 개발도상국으로서는 이례적으로 「독점규제 및 공정거래에 관한 법률」(이하 공정거래법)을 제정하였고, 이 법은 1981년 시행된 이래 이제 15년이 경과했다.

일반적으로 경쟁법은 시장에서 경쟁자인 기업을 보호하는 법이 아니라 기업들이 경쟁하도록 하는 법이며, 경쟁할 때 지켜야 할 게임의 규칙을 제시하고 있다. 따라서 제조업이든 서비스업이든 통상 경쟁법은 개별시장(소위 일정한 거래분야)에서의 경쟁을 대상으로 한다고 인식되고 있다. 시장지배력의 남용, 카르텔, 경쟁제한적 기업결합, 불공정거래행위 등을 금지하고 법 위반 시 제재를 가하는 국가의 노력이 모두 이에 해당한다. 그렇다면 우리나라의 경쟁법인 공정거래법은 왜 재벌과 경제력집중을 문제삼는가? 공정거래법은 1980년 법제정 당시에 제1조(목적)에 “이 법은 사업자의 시장지배적 지위의 남용과 과도한 경제력의 집중을 방지하고, 부당한 공동행위 및 불공정거래행위를 규제하여 공정하고 자유로운 경쟁을 촉진함으로써 창의적인 기업활동을 조장하고 소비자를 보호함과 아울러 국민경제의 균형 있는 발전을 도모함을 목적으로 한다"고 명시하였다.

법 제정 시 과도한 경제력집중을 방지한다는 목표를 명시할 것인가를 둘러싸고 의견이 대립되자, 공정거래법은 경제력집중 억제를 위한 구체적인 수단을 전혀 갖지 못한 채 출범하였다. 그러나 80년대 이후 오늘에 이르기까지 재벌규제에 대한 논의가 증폭되면서, 〈표 16〉에서 보듯이 1986년의 1차 개정부터 1994년의 4차 개정에 이르기까지 한번도 빠짐없이 경제력집중과 관련된 조항들이 공정거래법에 새로이 도입되었다. 사실 공정거래법 개정의 역사는 경제력집중과 관련된 법 개정이 가장 큰 부분을 차지한다고 보아도 과언이 아닐 정도이다. 특히 1986년의 1차 개정은 지주회사 설립 금지, 직접상호출자 금지, 출자총액제한, 금융·보험 계열사의 의결권 제한, 대규모 기업집단과 계열사의 지정제도 등을 도입, 오늘날까지 유지되어 온 공정거래법상 재벌정책의 기본 골격을 제시한 중요한 변화였다. 상호출자 금지와 출자총액 제한을 포괄하는 출자규제제도가 탄생한 것도 이때였다. 현 정부가 출범하기 직전인 1992년 3차 개정 시 도입된 상호채무보증 제한 역시 중요한 변화였으며, 1994년의 4차 개정 시에는 출자한도를 순자산의 40%에서 25%로 인하하는 중요한 변화가 있었다. 비록 법 개정 사항은 아니었으나 최근 대규모 기업집단 특유의 불공정거래행위에 대한 제재의 강화와 위장계열사 적발 노력 강화도 재벌과 관련하여 중요한 변화이다.

〈표 16〉 경제력집중과 관련된 공정거래법 개정의 주요 내용

	경제력집중 관련 법 개정 내용
1차 개정 (1986. 12, 31)	• 순수 지주회사의 설립 금지 • 대규모 기업집단 계열회사 간 직접상호출자 금지 • 출자총액제한 : 순자산의 40% • 대규모 기업집단 소속 금융·보험회사의 의결권 제한 • 대규모 기업집단 및 계열회사 지정 • 대규모 기업집단의 불공정거래행위 규제
2차 개정 (1990. 1. 13)	• 대규모 기업집단 소속 금융·보험회사 간 상호출자 금지, 상호출자 예외항목 축소 • 출자규제 위반에 대한 과징금제도 도입
3차 개정 (1992. 12. 8)	• 대규모 기업집단, 계열회사 간 상호채무보증 제한 : 자기자본의 2200% • 국제경쟁력 강화를 위하여 필요한 경우 등에 대한 출자총액제한의 예외인정 확대 • 규제대상 대규모 기업집단의 범위를 30대로 변경
4차 개정 (1994. 12. 22)	• 출자한도 인하 : 순자산의 25% • 제1종 SOC 시설사업, 업종전문화 관련 출자, 소유분산기업 등에 대한 출자총액제한의 예외인정 확대 • 소유분산, 재무구조, 기업공개 우량기업집단을 대규모 기업집단 지정에서 제외
여타의 최근 동향	• 대규모 기업집단의 불공정거래행위 시정 강화(1992. 7 이후) • 위장계열사(1993. 11)

자료 : 이성순·유승민(1995).

우리나라의 공정거래법이 과도한 경제력집중의 방지를 법의 목적으로 명시한 것에 대해서는 법 제정 이래 오늘에 이르기까지 찬반양론이 첨예하게 대립하고 있다. 그중 비판적인 견해만을 살펴보면 우선 재계는 공정거래법이 다양한 재벌규제 수단을 갖게 됨에 따라 공정거래위원회가 본연의 경쟁질서 유지기능에서 벗어나 기업활동을 속박하는 규제기구가 되고 있다는 비판적 시각을 갖고 있다. 한편 일부 법학자 중에는 자유롭고 공정한 경쟁을 촉진한다는 목표와는 다소 이질적인 경제력집중 억제라는 목표가 추가됨으로써 법 논리나 법적 정합성이 훼손되기 때문에 규제가 필요하다면 특별법이 바람직하다는 견해도 있다. 일부 자유주의적 경제학자 중에도 공정거래법상의 지주회사 설립 금지, 출자규제, 상호채무보증 제한 등의 장치가 기업활동의 자유를 지나치게 구속하며 경쟁법에 담기에는 부적절하다는 의견이 계속 제기되고 있다.

과연 그러한가? 공정거래법에서 경제력집중 억제에 대한 목표는 폐기되어도 무방한가? 공정거래법이 흔히 알려진 대로 서구의 경쟁 법과 같이 개별시장의 독과점이나 불공정거래행위만을 문제삼는 방식의 순수한 혈통을 회복하여야 하는가? 이러한 의문에 대한 해답은 현재로서는 긍정과 부정이 섞여 있다는 것이 중론이다. 공정거래법상의 재벌정책에 기업규제적 요소가 있음은 사실이고, 경쟁법의 법 논리상 경제력집중 억제 조항에 다소 어색한 측면이 있다는 것도 사실이다. 그러나 정작 중요한 점은 모양 갖추기가 아니라 재벌의 문제가 무엇이며, 문제가 있다면 이를 치유하기 위하여 현재 공정거래법상의 재벌규제가 타당한가 하는 것이다.

Ⅱ장의 논의에서 공정성, 정당성, 정부-재벌관계의 문제는 이미 지적된 바 있다. 공정성의 차원이라면 경쟁을 제한하는 어떠한 행위도 공정거래법의 전통적인 적용대상이므로 이 법의 역할에 이론이 없다. 다만 재벌이 경쟁을 제한하는 방법이 워낙 교묘하기 때문에 이를 적발하고 그 경쟁제한성을 증명하는 것이 어려운 과제일 뿐이다. 그러나 경제력집중이 심화 될수록 경제 전반에 걸쳐 유효경쟁이 제약된다는 다소 막연한 우려에 대해서는 사실상 뾰족한 대책이 없다. 재벌이 크고 힘이 세기 때문에, 또는 호주머니가 깊기 때문에 야기되는 원초적인 불공정성에 대하여 완벽한 해결책을 갖는다는 것은 당초부터 기대하기 힘든 노릇이었고, 공정거래법은 경쟁제한성이나 불공정의 뚜렷한 폐해가 있는 경우에나 동원될 수 있을 것이며, 그나마 피해를 당하는 측의 입장에서 보면 예방효과까지 기대하기란 어려울 것이다.

이러한 상황에서 공정거래법상 출자규제, 상호채무보증 제한, 지주회사 설립 금지는 어떤 의미를 갖는가? 그 구체적인 평가는 사안 별로 다르겠지만 이 장치들은 공정성의 문제를 일부 해결하기도 하며, 나름대로 회사법상의 목적이나 금융시장의 왜곡을 방지하려는 목적을 수행하기도 한다. 그러나 자본충실의 의무나 금융시장의 정상화를 위하여 출자규제와

Why do corporations often encounter crises? Because many of them are the size of major cities.

(*Harvard Business Review*, 1995년 11/12월호, p.150)

상호채무보증 제한이 필요했다면 이는 반드시 30대 재벌을 별도로 지정하고 이들만을 규제할 것이 아니라 모든 기업에게 일반적으로 적용되는 것이어야 하며, 회사법이나 금융 관계법이 이를 다루어야 할 것이다(실제로 상법은 모회사와 자회사의 상호출자를 금지하고 있다).

그러나 굳이 공정거래법이 30대 재벌을 지정하면서까지 재벌계열사의 타 회사 출자와 빚보증을 규제하는 이유는 무엇인가? 그 열쇠는 I장에서 논의한 정부-재벌관계의 문제에서 발견될 수 있다. 정부가 보험자 역할을 계속하고 재벌은 이를 이용하는 도덕적 이완의 가능성이 계속되는 한, 정부는 재벌이 사업확장을 위하여 계열사에 과도하게 출자하거나 누가 보더라도 심할 정도로 채무를 보증하여 결국 재무구조는 부실화되고 약간의 불황에도 그룹 전체가 부실화될 수 있는 상태를 방치할 수 없었던 것이다.

따라서 국제화, 개방화 시대를 맞이하여 공정거래법의 출자규제와 상호채무보증 제한이 지금이라도 당장 폐지되어야 한다는 주장은 기업활동의 자유라는 점에서는 지극히 온당한 것처럼 보인다. 그러나 지금 이 순간 우리나라 재벌이 만약 부실화된다면 백 퍼센트 자신의 책임하에 망할 각오가 되어 있는지, 우리나라 정부가 과연 베어링(Baring)이라는 거대 증권회사의 부도를 내버려 둔 영국 정부처럼 재벌의 부실화를 보고도 태연할 수 있는지를 생각해 본다면, 그러한 주장은 순진한 발상이 아닐 수 없다. “저 기업이 쓰러지면 내가 구제할 수밖에 없다"고 정부가 생각한다면, "그 기업이 과도하게 빚보증하거나 가공자본을 증식하여 경영을 위태롭게 하도록 옆에서 구경만 할 수는 없다"라는 것이 정부-재벌관계이기 때문이다. 이러한 규제를 없애려면 정부와 재벌 양자가 모두 새롭게 태어나야 하는 것이다.

우리나라 공정거래법은 이 같은 배경 때문에 재벌에 대하여 출자규제, 상호채무보증 제한, 지주회사 설립 금지와 같은 독특한 장치를 갖게 되었다. 그러나 외국의 경우에도 경쟁법 혹은 독점금지법이 경제력집중을 억제하는 기능을 가졌던 역사가 있으며, 경쟁법은 경제력집중 억제와 별개라는 일반의 인식에도 그만큼 오류가 있다. 지구상에서 가장 강력한 경쟁법을 가진 미국의 경우 셔먼법, 클레이턴 법 등을 단순히 경쟁법 혹은 독점금지법이라고 하지 않고 반트러스트법(antitrust law)이라고 부르는 역사적 배경에는 19세기 말 트러스트 형성이 경제력집중과 독점자본주의를 야기하여 사회적으로 심각한 문제를 낳는다는 위기의식이 깔려있었다.

미국에서도 자본주의가 진화하면서 경제력집중 문제에 대한 경제정책과 경제법의 역할이 항상 논쟁의 대상이었으며, 그 논쟁은 오늘의 우리나라에게도 시사하는 바가 크다. 미국은 건국 초기 제퍼슨과 해밀턴 사이의 논쟁 이래 경제력집중에 대한 두 가지 견해가 대립되어 왔다. 제퍼슨은 경제력집중의 위험성을 경고하면서 가능한 한 경제력이 분산되도록 하는 정책을 동원할 필요가 있다고 주장한 반면, 해밀턴은 그러한 정책이 지나칠 경우 경제의 성과에 영향을 미치고 결국은 삶의 질을 떨어뜨린다고 주장하며, 중요한 점은 경제적 효율이라고 주장하였다. 이러한 두 가지 생각은 미국의 기업정책과 경쟁정책에 면면히 이어져 왔다.

놀랍게도 미국의 이러한 역사적 경험은 현재 우리나라의 재벌을 둘러싼 논쟁과 매우 흡사하다. 다만 결정적인 차이점이 있다면 미국과 우리나라의 정부기업관계가 양극단의 대조를 보인다는 점이며, 이러한 차이점은 경제력집중에 대한 정책선택에 그대로 반영되어 있다. 기업과 유착관계가 없고 정부의 보험자 역할이나 기업의 도덕적 이완이 없는 미국에서 경제력집중의 문제는 공정성의 문제였으며, 미국은 시장지상주의답게 독점기업을 분할하는 소위 원인규제 방식을 채택하고 있다. 그러나 우리나라의 경우에는 기업분할제도와 같은 방식은 채택하지 않는 가운데, 기업의 후견인 역할을 하는 정부가 출자규제, 상호채무보증 제한 등과 같이 기업 재무구조의 부실화를 염려하는 정책을 선택했던 것이다.

(2) 출자규제제도의 개편과 평가

현 정부 들어 공정거래법상 재벌정책의 가장 중요한 변화는 1994년의 법 개정 시 출자총액 제한제도를 개편한 조치였다고 평가된다. 출자총액한도를 기존의 40%에서 25%로 15%포인트 인하하되, 소유분산과 재무구조 개선을 유도하고 국가경쟁력 강화시책을 뒷받침하기 위하여 각종 적용 제외조항을 도입한 것이 법 개정에 따른 출자규제제도의 주요 변화였다.

출자한도의 인하에 관한 법 개정 방침이 알려지면서 재계가 강하게 반발했음은 물론이다. 재계는 출자한도를 기존의 40%에서 25%로 인하할 경우 기업의 투자활동이 크게 위축될 것이라는 점을 들어 법 개정에 대한 반대의사를 분명히 했으며, 일부에서는 이 기회에 기업투자의 자유를 구속하는 출자규제제도가 아예 폐지되어야 한다고 주장하기도 하였다. 여신관리제도상의 각종 투자규제가 폐지 혹은 축소되는 마당에 출자규제제도에서 오히려 투자규제를 더욱 강화하려는 것은 앞뒤가 맞지 않는 발상이며 정책의 일관성이 무엇인지, 재벌정책의 방향이 무엇인지 의심스럽다는 비판이 제기되었다. 재계는 이러한 이유를 들어 40% 유지 혹은 차선 안으로 35%까지의 소폭 인하와 5년의 경과기간을 제시하였으나, 결국 25% 및 3년의 경과 기간으로 법 개정이 확정되었다.

1994년 출자총액한도의 인하를 둘러싸고 정부와 재계 사이에 전개된 논쟁은 출자총액 제한제도의 근본적인 취지가 오늘의 경제상황에 비추어 어떻게 이해되어야 하느냐는 의문을 제기한다. 일반적으로 출자총액제한은 재벌계열사가 과도한 출자관계를 통하여 가공자본을 증식시키고 외형을 확대하는 것이 이들의 재무구조를 악화시키고 궁극적으로 경쟁력을 저해할 수 있는 불건전한 형태이기 때문에 이를 억제하기 위하여 도입된 것으로 알려지고 있다. 물론 출자 총액제한이 무리한 외형 확대와 업종다각화를 억제하는 효과를 가지고 있는 것은 분명하다. 출자총액제한은 여신관리제도상의 바스켓 관리와 마찬가지로 재벌이 '다각화하거나 기존 사업의 규모를 확대할 수 있는 총량적 능력'을 규제하는 제도이기 때문이다. 대출금이든 계열사의 출자금이든 총량을 규제할 경우 재벌들은 이러한 제약 조건하에서 자금조달 계획을 수립할 것이므로, 결국 대출이나 출자의 총량을 규제하는 제도는 재벌들의 자구노력(직접금융, 계열사 처분, 보유지분 처분, 보유부동산 처분)을 유도한다는 점에서 넓은 의미의 자구노력 유도 시책이라고 볼 수 있다. 또 이러한 효과가 있는 한 재무구조를 개선하는 간접적 효과도 있을 것이다.

그러나 외형 확대나 다각화에 대한 억제가 출자총액제한의 근본적 의의라고 인식되고 있는 상태에는 문제가 있다. II장에서 강조했듯이 흔히 '무리한' 외형 확대 혹은 비합리적·비효율적인 다각화라고 이야기할 때의 무리, 비합리, 비효율이란 이론적으로나 경험적으로 옳고 그름을 가려내기가 매우 어려운 개념들이다. 바로 이 때문에 정부와 재계가 출자규제제도를 둘러싸고 벌이는 논쟁은 끝이 보이지 않는다. 1987년 출자규제제도의 도입 당시에는 재벌들이 계열사 출자를 통하여 외형을 키우고 소위 문어발식으로 다각화하는 정도가 무리이고 비합리적이라는 공감대가 있었던 것처럼 보이지만, 이는 결국 '무엇이 적정한 수준의 다각화인가?'라는 해답 없는 질문을 제기한 셈이 되었다. 더욱이 1989~93년의 경쟁력

위기론 이후 기업규모 대형화가 근거 없이 제기되면서 출자 규제의 시시비비를 따지는 논쟁도 가열되었다.

따라서 현시점에서도 정부가 '무리한' 외형 확대, '비합리적' 다각화를 억제하는 것이 출자총액제한의 기본 취지인 것처럼 주장하는 것은 옳지 못하다. 그 대신 정부는 타 회사 출자라는 재벌들의 확장 수단에 대하여 왜 정부가 간여할 수밖에 없는지에 대해 건전한 논리를 모색할 필요가 있다. 그 논리란, 첫째 아직도 재벌들의 과도한 출자를 유혹하는 다각화 유인이 우리 경제에 충만하다고 판단할 수 있을 만큼 우리 경제가 역동적이고, 둘째 앞서 살펴보았듯이 무엇보다도 정부가 재벌의 실패에 대한 '보험자' 역할을 아직도 완전히 포기하지 않았기 때문이라고 판단한다. 정부의 보험자 역할이 사라진다면, 즉 재벌이 망하는 것을 정부가 완전히 방치할 만큼 우리 경제가 성숙된다면 출자총액제한의 의의는 저절로 소멸될 것이다.

이처럼 논란의 소지가 많은 이슈에 대하여 정부와 재계의 주장이 교차하고 있지만, 현시점에서 출자총액제한의 중요한 의의라고 주목할 부분은 재벌의 내부지분율 중 계열사지분율에 대한 이 제도의 효과이다. 출자총액제한은 평균 42.7%에 이르는 30대 재벌의 내부지분율 중 소유·지배권 집중의 근원인 33% 수준의 계열사지분율을 하락시키도록 작용하는 유일한 수단이라는 사실이 정부와 재계의 논쟁에서는 누락되어 있지만 반드시 짚고 넘어가야 할 중요한 점이다. 33%라는 수준은 소유·지배·경영 구조의 선진화를 방해할 만큼 너무 높다는 것이 문제이다.

I장의 〈표 6〉에서 보듯이 30대 재벌의 내부지분율은 1983~87년 기간 중 40% 수준에 머물다가 1987~92년 기간 중 33% 수준으로 하락한 이후 1992~94년 기간 중에도 여전히 33% 수준에서 정체하고 있다. 출자총액제한이 결코 계열사지분율을 직접 하락시키는 수단은 아니지만 타 회사 출자를 규제하는 것은 계열사지분율의 하락과 깊이 연관되어 있다. 즉 출자총액제한에 직면한 재벌들은 출자한도 초과금액을 해소하기 위하여 순자산을 증가시키든지 기존의 출자분을 처분할 수 있는데 이는 모두 계열사지분율을 하락시키는 방향으로 작용하기 때문이다.

출자총액제한을 부작용이 큰 투자규제로만 보는 시각에도 문제는 있다. 출자총액제한은 재벌에 대한 업종별 진입·소유·투자 규제, 업종전문화제도 등 폐해가 큰 미시적 다각화 규제와는 달리 다각화 능력에 대한 총량규제이며 업종무차별적 규제라는 점에서 시장왜곡 효과가 비교적 작은 제도이다. 무엇보다도 고성장에 따라 자본이 확대되는 재벌에게는 부담이 되지 않는다는 강점이 있기 때문에 앞으로 재벌규제가 백화점식 규제를 탈피하는 과도기에는 유지되어야 할 제도이다.

물론 '왜 25%인가'에 대해서는 아무도 명쾌한 답을 제시할 수 없다. 각종 규제시책의 한도 수치가 대부분 그러하듯이 출자한도 또한 현실적으로 관측되는 재벌들의 타 회사 출자비율과 출자한도 초과분의 해소능력을 감안하여 설정한 것이다. 〈표 17〉에서 보듯이 1987년 40%의 출자한도를 도입할 당시 30대 재벌의 순자산대비 타 회사 출자비율은 44.8%였고, 1994년 25%의 출자한도를 도입할 때 타 회사 출자비율은 26.8%였다.

〈표 17〉 **대규모 기업집단의 타회사 출자비율 추이**

(단위:%)

	1987	1990	1992	1993	1994
타회사출자액/순자산액	44.8	32.1	28.8	28	26.8

자료 : 공정거래위원회, 《공정거래연보》, 1995.

출자총액제한이 업종별 미시적 투자규제가 아니라 총량규제라는 점은 이 제도의 강점으로 이해되어야 한다. 그러나 바로 이 점 때문에 1994년의 법 개정은 심각한 문제점을 갖고 있다. 〈표 18〉에서 보듯이 소유분산 및 재무구조가 양호한 기업을 출자규제 대상에서 제외하고(법 제10조 제3항) 그룹 전체에 대해서도 유사한 기준을 설정하여 대규모 기업집단의 지정에서 제외한다는 소위 '졸업 개념'을 도입하였다. 이와 함께 업종전문화와 관련된 출자에 대해서는 〈표 18〉에서 보듯이 7년 범위 내에서 출자규제의 예외를 규정하였으며(법 제10조 제1항 5호), SOC 제1종 시설사업 출자에 대해서는 20년 이내에 출자규제의 예외를 규정하였다.

〈표 18〉 1994년 법 개정에 따른 출자총액제한의 예외

소유분산 및 재무구조 우량회사

	요건	조치
	• 내부지분율(동일인 및 특수관계인) 15% 미만(8% 미만) • 자기자본비율 20% 이상 • 상장회사 • 주력기업은 제외	출자총액제한 적용 제외
소유분산 및 재무구조 우량기업집단	• 내부지분율(동일인 및 특수관계인) 20% 미만(10% 미만) • 자기자본비율 20% 이상 • 기업공개비율 60% 이상(자본금 기준)	대규모 기업집단 지정에서 제외(이에 따라 대규모 기업집단에 적용되는 법상 규제에서 제외)
업종전문화 시책의 지원조치	• 상장법인인 비주력기업이 주력기업의 신주를 취득하는 경우 • 상장법인인 주력기업 (1~5대 기업집단은 제외)이 동일업종 영위기업의 신주를 취득하는 경우(전업률 70% 이상인 기업에 한함)	7년 이내 출자총액제한의 예외 인정
SOC 제1종 시설 출자	• 「사회간접자본시설에 대한 민간자본 유치촉진법」 제2조 제2호의 규정에 의한 제1종 시설사업을 영위하기 위하여 설립된 회사의 취득 또는 소유	20년 이내 출자총액제한의 적용 제외(10년 이내 연장 가능)

이러한 예외조항의 도입은 정부가 추진하고 있는 업종전문화 시책이나 SOC 민자유치를 공정거래법이 적극 지원함으로써 유인효과를 최대한 크게 하기 위한 것으로 이해될 수 있다. 그러나 예외규정이 많을수록 단순한 총량규제로서 출

자총액제한이 갖는 강점은 사라진다. 출자총액제한의 요체는 재벌의 각 계열사가 순자산액의 일정범위 이내에서만 타회사에 출자할 수 있도록 허용한 단순한 규제였다는 점이며, 순자산액(=자산-부채-국고보조금-계열사출자액)이 크든 작든 간에 업종과 기업을 구분하지 않고 출자여력을 일정비율로 정하였고, 그만큼 미시적으로 기업투자에 일일이 간섭하는 규제의 부작용도 작았다. 그러나 〈표 18〉과 같이 기업별로 다양한 이유를 들어 출자총액제한의 예외를 계속 확대할 경우 총량규제의 단순함이라는 강점은 희석되고 예외규정이 복잡해질수록 제도의 재량주의적 운용이 우려된다.

1995년 4월 1일 현재 출자한도 초과의 예외인정 금액은 3,625억 원으로서 30대 재벌의 타회사 출자총액 11조 2,920억 원의 3.2%에 불과하지만, 만약 예외인정 금액이 증가한다면 출자총액제한이 미시적인 투자규제로 변질될 가능성이 있으며, 출자한도를 25%로 인하한 조치의 의의가 무엇인지 의문시될 것이다. 차라리 출자한도 40%를 유지하면서 예외규정을 줄이는 것이, 출자한도를 25%로 인하하면서 예외규정을 늘리는 것보다 나은 정책선택이 아닌가라는 의문이 제기되는 것이다. 1992년 공정거래법 3차 개정시 재계의 거센 반발을 무릅쓰고 상호채무보증 제한제도를 도입하면서, 출자총액제 한에서는 국제경쟁력 강화를 위한 출자를 예외로 규정함으로써 일종의 반대급부로서 예외를 만들기 시작한 측면이 크다. 이러한 예외가 법 개정 때마다 확대된다면 출자규제제도는 과거의 여신관리제도와 같이 지나치게 복잡해져서 규제의 실효성은 약하고 규제의 폐해는 증가할 우려가 있으며, 결국 당초 이 제도를 도입한 취지가 퇴색될 것이다.

1995년 말 기업회계기준에 있어서 타 회사 출자총액을 계산하는 방법에 관한 논의는 겉보기에는 지엽적인 문제로 치부될 수도 있으나, 사실은 출자총액제한의 실효성과 관련된 중요한 문제이다. 공정 거래법 제10조 제1항에 따라 그동안 타 회사 출자총액은 재벌계열 사가 취득 또는 소유하고 있는 국내회사 주식의 장부가격 합계액으로 정의되었다. 기업회계기준의 당초 개정안에 따르면 현행 장부가격 기준이 불합리하다고 지적되어 보유 유가증권을 시가로 평가하는 방법이 제시되었다. 재벌계열사의 타 회사 출자에 대하여 시가법이 적용될 경우 장부가격은 현재보다 평균 4배 증가하게 되고 출자한도를 초과하는 기업이 다수 발생하게 된다. 결국 기업의 현실적 수용 가능성이라는 점이 고려되어 30대 재벌의 타 회사 출자에 대해서는 시가법을 2년간 유예하기로 하고, 공정거래법 개정시 이러한 기업회계기준의 변화를 감안하도록 하였다.

이상과 같이 볼 때 출자총액 제한제도의 장기적 비전은 무엇인가? 예컨대 2010년에도 이 제도는 필요할 것인가? 그 해답은 분명 출자총액제한의 폐지이며, 언제까지 이 제도를 유지하느냐는 국제화, 개방화의 진전과 정부-재벌관계의 변화에 따라 결정될 것이다. 향후 10~20년 동안 격화될 세계

경쟁에 따라 기업들은 가격과 품질만이 아니라 기업조직과 네트워크 등 온몸으로 경쟁하는 상황이 전개될 것이기 때문에, 이러한 규제가 없어도 최적의 출자관계를 모색하는 자구 노력을 수행할 때가 올 것이다.

그렇다면 현행 25%에서 미래의 폐지를 연결하는 출자총액제한의 발전경로는 무엇인가? 그 해답은 폐지 시점까지의 과도기에 이 제도가 어떠한 역할을 담당할 것인가에 달려 있다. 최근 UR 타결 이후 소위 무한경쟁이란 개념이 비판 없이 전제되고 있으나 우리 경제의 국제화, 개방화는 결코 하루아침에 불연속적으로 이루어지는 것이 아니라 그 속도가 빨라질 뿐이며, 최소한 2000년 이전까지는 재벌들이 과도한 출자를 통하여 외형 확대를 도모할 유인이 우리 경제에 충만할 것으로 판단된다. 더욱 중요한 과제는, 계열사지분율을 하락시키는 수단이 달리 없고, 기업규모가 확대되더라도 재벌들이 계열사지분율을 높게 유지하는 것은 가능하므로 인하된 출자한도로써 이에 대응할 필요가 있다.

(3) 상호채무보증 제한제도의 실적과 평가

1992년의 공정거래법 개정 시 재벌계열사 간 상호채무보증을 규제하는 조항을 도입할 때에도 이 제도의 타당성을 둘러싸고 정부와 재계는 첨예한 의견대립을 보였다. 재벌이 계열사 간의 빚보증을 통하여 자금이 필요한 계열사를 여타의 계열사들이 지원하고 부채를 쉽게 동원했던 관행은 우리나라 금융의 오래된 악습으로, 외국의 경우에는 그러한 사례를 찾아보기 힘들다. 상호채무보증은 일종의 우발적 채무이기 때문에, 보통 부채와는 성격이 다른 것이나 그 폐해는 심각하다는 공감대가 확산되어 왔다.

당초 7차 5개년계획의 수립과정에서 재벌의 상호채무보증을 규제해야 한다는 의견이 대두되자 재벌은 이에 강력하게 반대했다. 그러한 반대에는 채무보증제한이 기업의 자유의사를 불합리하게 구속하기 때문에 규제가 부당하다는 의견도 있었지만, 또 다른 반대의견에 따르면 재계도 상호채무보증의 문제는 인정하지만 그것이 재벌만의 책임은 아닌 만큼 그 원인이 되는 금융산업의 개혁 없이 어느 날 갑자기 재벌만 규제대상이 되는 것이 부당하다는 것이었다. 이중 후자의 의견은 정부 내에서도 이에 수긍하는 의견이 있었는데, 상호채무보증이라는 행위가 결국 기업과 금융기관 양자 사이에서 발생한 것이고 그동안 금융기관의 경영을 감독·통제해 온 정부에게도 어느 정도 책임이 있는 만큼, 기업에게만 규제를 적용하고 법 위반 시 제재를 가하는 것은 정부와 금융기관의 책임을 면제하는 형평에 어긋난 처사라는 점이 지적되었다. 그럼에도 불구하고 상호채무보증에 대한 규제제도는 결국 신설된 공정거래법 제10조의 2에 따라 재벌의 모든 계열사에게 자기자본의 200%라는 채무보증 한도액이 적용되었고, 1993년 4월 1일 법 시행일로부터 3년의 경과기간 내에 한도초과분을 해소하도록 규정되었으며, 법 위반 시 법 위반

채무보증의 취소 등 시정조치와 법 위반 채무보증의 10% 이내에서 과징금을 부과할 수 있도록 제도가 도입되었다.

상호채무보증에 관한 한, 현 정부는 1993년 4월부터 개정된 법과 시행령에 따라 1996년 3월 말로 정한 3년의 경과기간 중 재벌계열사의 채무보증을 자기자본의 200% 이내로 해소하도록 노력해 왔다. 〈표 19〉에서는 30대 재벌의 채무보증 현황과 한도초과 금액에 대한 그동안의 해소실적을 소개하고 있다. 1992년 3월 말 공정거래위원회의 집계에 따르면 30대 재벌의 채무보증은 169조 원(은행 여신관련 115조 원, 제2금융권 여신관련 54조 원)으로서 자기자본 31조 4천억 원 대비 538%라는 높은 수치를 기록하였다. 이러한 높은 채무보증비율은 금융기관이 과다보증, 중복보증을 요구하고 재벌들은 부채 동원을 위하여 유사시 지불능력을 벗어난 계열사 빚보증을 서슴지 않았기 때문이다. 당시 30대 재벌의 채무보증 분포를 보면 이들은 보증의 대부분을 그룹의 몇 개 핵심기업에 의존하고 있음을 알 수 있는데, 1993년 4월 한도초과 채무보증 120조 6천억 원 중 77.4%인 93조 4천억 원이 각 그룹 내 채무보증 순위 상위 3사에 의한 것으로 나타난다. 이는 금융기관이 핵심기업의 연대보증을 선호하는 데 기인하며, 몇몇 핵심기업에 대한 지나친 의존은 계열사 간 채무 연결고리를 형성하여 왔다.

〈표 19〉 30대 재벌의 채무보증 현황과 해소실적

(단위 : 조원)

채무보증 현황

	채무보증금액			자기자본 (C)	여신(D)[2]	A/C (%)	B/C (%)	B/D (%)
	제한 (A)	제한제외[1]	계(B)					
1992. 3월말	-	-	169.0	31.4	83.9	-	538.2	201.4
1993. 4. 1	120.6	44.9	165.5	35.2	99.7	342.6	470.2	166.0
1994. 4. 1	72.5	38.2	110.7	42.8	46.2	169.3	258.1	239.6
1995. 4. 1	48.3	33.8	82.1	50.7	35.1	95.2	161.9	233.9

주 : 1) 채무보증제한의 예외대상은 산업합리화 여신, 해외지점 여신, 수출입은행 제작금융, 해외건설 비차입성 여신, 기술개발자금, D/A, D/P, Local L/C 등과 관련된 채무보증 등임 (공정거래법 제10조의 2 및 시행령 제17조의 3).
2) 여신 = 대출+지급보증, 1992년과 1993년의 여신 통계는 제1, 2금융권을 합한 수치이며 1994년 이후는 제1금융권에 국한.

채무보증한도 초과금액 해소실적

	93. 4. 1(A)	94. 4. 1(B)	95. 4. 1(C)	해소(A-C)	해소비율
초과금액(조원)	67.0	24.2	9.9	57.1	85.2%
초과회사 수	170	106	59	111	65.3%

자료 : 공정거래위원회, 〈93 대규모 기업집단 채무보증 현황〉, 1993. 8.
공정거래위원회, 《공정거래연보》, 1995.

재벌의 상호채무보증 제한제도가 당초 자기자본의 200%라는 한도와 3년의 경과기간을 설정한 것은 재벌의 강력한 반발을 무마하기 위한 일종의 타협안으로 이해된다. 당시 경과기간을 5~7년 정도로 늘리더라도, 일부 예외적인 경우를 제외하고서 채무보증의 완전한 해소방안을 도입해야 한다는 주장이 제기되었으나, 결국 3년에 자기 자본 200%로 법제화된 것은 일종의 중간목표였던 셈이다.

그렇다면 1996년 3월 말의 시한을 눈앞에 둔 현시점에서 볼 때 정부는 앞으로 상호채무보증제한제도를 어떻게 가져갈 것인가? 이는 현 정부가 조속한 시일 내에 방침을 정해야 할 문제이며, 만약 추가로 한도를 자기자본의 0~100%로 인하할 경우 그 타당성을 둘러싸고 또다시 치열한 논쟁이 재연될 것으로 보인다. 채무보증의 자유를 주장해 온 재벌의 입장에서 채무보증 제한제도는 기업활동의 자유를 구속하는 규제일 뿐이다. 채무보증 그 자체는 원칙적으로 개인, 기업, 정부를 막론하고 모든 경제주체 간에 있을 수 있는 현상이기 때문에 재벌에게만 해당되는 것은 아니다. 그러나 독립기업이나 개인의 채무보증이 크게 문제시되지 않는 이유는 금융기관 스스로 채권보전의 범위를 벗어난 보증을 기피할 것이고, 보증기업이나 개인으로서도 채무보증 자체에 대한 부담이 크다면 보증에 응하지 않거나 보증시에도 자신의 변제능력을 감안할 수밖에 없다는 합리성이 작용하기 때문이다.

그러나 재벌의 채무보증에서는 그동안 채권자(금융기관)와 채무자(재벌계열사) 사이에 이러한 합리성이 크게 결여되어 있었다. 신용대출 관행이 정착되지 못하여 대출시장이 제 기능을 다하지 못한 가운데 상호채무보증은 부동산 담보나 계열사 채무보증을 반드시 요구했던 금융기관의 영업행태와 손쉬운 채무보증을 통하여 여신을 공급받고자 했던 재벌의 행태가 상호작용한 결과였다. 재벌계열사는 각자가 독립된 법인이라는 법적 지위에도 불구하고 사실은 재벌이라는 공동운명체의 한 부분에 지나지 않는 것이 현실이며, 불량기업이든 우량기업이든 같이 살고 같이 죽기 때문에 네 빚이 내 빚일 수밖에 없는 상황이 형성된 것이다. 이러한 상황에서는 재벌그룹 전체가 하나의 거대한 담보로 작용하기 때문에 금융기관으로서도 재벌 전체가 망하지 않는 한 채권은 안전하며 '부도가능성 = 0'이라고 인식하게 된 것이다. 재벌에 대한 정부의 보험자 역할과 이를 악용하는 재벌의 도덕적 이완이 그 배경에 깔려있음은 물론이다.

1996년 3월이 지나 30대 재벌이 자기자본 200%라는 채무보증 한도를 준수한다면, 채무보증과 관련된 문제점은 사라지는가? 출자총액제한의 경우 순자산의 25%라는 한도를 만약 0%로 인하한다면 타 회사 출자를 전면 부인하는 이러한 규제는 결코 있을 수 없다고 많은 사람이 동의할 것인데, 그렇다면 채무보증의 경우에도 자기 자본의 0%라는 한도는 도저히 받아들일 수 없는 어불성설의 규제인가? 자기자본의 200% 이내의 수준에서 재벌의 상호채무보증이 계속 방치된다면 어떠한 문제가 있는가? 이러한 의문에 대하여 분명한 해답을 제시하기란 쉽지 않지만, 상호채무보증이 그릇된 금융관행이기 때문에 앞으로 재벌의 부채 동원은 상호채무보증이 아닌 다른 방법으로 이루어져야 하며 금융기관 또한 이 방법을 폐기하는 것이 타당하다는 지적이 많다. 여기에서 우리는 앞으로의 제도변화를 전망하기보다는 상호채무보증 관행이 계속될 때 나타날 수 있는 문제점을 지적하기로 한다.

재벌계열사들의 채무보증이 방치될 경우 어떠한 문제점이 야기될 것인가? 이에 대해서는 다양한 주장이 제기되고 있으나 다음과 같은 점들을 엄밀하게 논의할 필요가 있다.

첫째, 독립 대기업이나 중소기업은 채무보증에 의한 여신이 제약되기 때문에 부채 담보능력을 벗어난 재벌의 채무보증은 그만큼 여신편중을 심화시킨다는 주장이다. 여신편중이 개별 재벌기업의 신용도에 근거하여 나타난 결과라면 최소한 경제효율 차원에서는 아무런 문제가 없지만, 능력을 벗어난 채무보증이 재벌의 사활을 담보로 통용되고 이에 따라 여신공급이 이루어지는 상황에서는 자금배분의 효율성이 저해될 수밖에 없다는 것이다.

이러한 주장을 분석하기 위해서는 여신편중 및 금융자금 배분의 비효율성이라는 두 가지 상이한 측면을 구분할 필요가 있다. 우선 여신편중에 관한 주장이 설득력을 갖기 위해서는 재벌의 채무보증이 규제될 경우 여신편중이 상당 부분 해소되는 효과가 나타나야 할 것이다. 과거 채무보증이 은행과 재벌기업 모두에게 물적 담보 부족을 해결한 중요한 보증 수단이었던 점은 분명하지만 '채무보증 때문에 여신편중이 오늘의 상황에 이르게 되었는가'는 경험적 증거를 요하는 질문이다. 특히 '채무보증 규제가 여신편중 완화라는 효과를 보일 것인가'는 채무보증이라는 보증수단이 재벌에게 없어질 때 금융 기관의 여신 공급이 30대 재벌보다는 그 이외의 기업에게 상대적으로 많이 갈 것인가에 따라 결정될 것이다.

채무보증이 규제되어 금융기관이 신용대출을 할 수밖에 없는 상황이 전개되더라도 재벌기업의 신용도가 상대적으로 높고 이들의 자금 수요가 줄지 않는 한 여신편중은 해소되지 않을 것이다. 물론 경쟁력이나 재무구조가 취약한 일부 재벌 계열사의 경우에는 신용도가 상대적으로 높은 독립 대기업이나 우량 중소기업으로 '여신이 옮겨 가는 현상'이 발생할 것이지만 이러한 효과가 여신편중의 해소로 이어질 만큼 클 것인지는 의문시된다. 더구나 채무보증만이 계열사 간의 네트워크를 형성하는 유일한 수단은 결코 아니므로 채무보증이 규제되더라도 재벌기업이라는 지위 자체가 은행의 신용도 평가에 계속 영향을 줄 수 있다.

이와 같이 여신편중을 이유로 채무보증의 규제를 주장하는 것은 그 논리적 근거가 애매하며, 금리자유화와 금융시장 개방 이전에 여신편중 문제는 결국 여신관리제도라는 별도의 정책수단으로 해결할 수밖에 없음을 확인할 필요가 있다. 그러나 금융자금 배분의 효율성 측면에서 본다면 채무보증제한의 당위성은 더욱 분명해진다. 채무보증이 규제되어 여신이 점차 신용도에 따라 이루어지면 재벌기업 간 의혹은 재벌 대 독립기업 간의 상대적 자금배분은 더욱 효율적일 수 있으며 이는 금융의 선진화와 깊이 관계된다.

둘째, 채무보증의 진정한 문제점은 채무보증에 따라 계열사 간 재무연계가 심화되면 계열사 중 한계기업이 발생하더라도 도산이 원활하게 이루어질 수 없으며 한계기업이 도산할 경우 우량기업까지 연쇄 도산할 가능성이 있다는 것이다. 이는 앞서 지적한 우리나라 특유의 재벌구조와 관련된 것으로서 채무보증이 중요한 '퇴출장벽'이라는 인식을 확산시키게 되었다. 국민경제의 동태적 발전이라는 관점에서 이러한 퇴출장벽은 재벌기업이 시장상황의 변화에 민감하게 대처하고 구조조정을 원활히 추진하는 데 걸림돌이 되어 왔다. 한계기업이 망할 수 없는 구조는 재벌그룹 전체로 봐서 큰 비용으로 작용할 것이기 때문에 '퇴출할 자유(freedom to exit)'를 부여함으로써 이 비용을 낮추고 연쇄도산의 가능성을 봉쇄하는 데 채무보증제한의 당위성이 있다고 본다. 이러한 논의는 한계기업의 퇴출을 재벌 스스로 원하지 않는다고 하더라도 정부의 재벌정책적 측면에서 중요한 시사점을 제공할 것이다.

셋째, 채무보증은 재벌의 소유집중, 계열사 간의 상호출자 및 내부 거래 등과 함께 소위 '그룹' 집중식 경영구조를 고착시키는 요인으로 작용해 왔으며 이에 따라 계열사의 독립경영체제가 도입되는 데 장애요인이 되고 있기 때문에 향후 경영구조의 혁신을 재벌 스스로 도모할 수 있는 여건을 조성하기 위해서도 채무보증을 규제할 필요가 있다.

이러한 문제점들은 채무보증에 대한 규제의 필요성을 거론할 때마다 지적되는 폐해이지만 이 밖에도 채무보증의 폐해는 매우 광범위하고 심각하다는 점을 인식하여야만 한다. 우선 채무보증은 재벌기업의 방만한 투자행태와 깊이 연관되어 있다. 예컨대 여론의 비난을 받아 온 재벌기업 간 중복·과잉투자 경쟁의 경우, 만약 채무보증에 의한 여신공급의 길이 막혀 있다면 재벌기업은 계열사의 출자와 금융기관의 신용대출에 의존할 수밖에 없으며 금융기관으로서는 사업의 장래성과 기업의 신용도를 근거로 여신규모를 결정할 수밖에 없기 때문에 투자결정이 더욱 신중하게 이루어질 것이며 부실채권의 발생 가능성도 줄어든다. 따라서 정부가 채무보증을 방치한 채 재벌 기업의 투자결정에 직접 개입·조정하는 것은 근본적인 해결책이 되지 못한다.

여신한도관리의 경우에도 과거 채무보증에 대한 규제 없이 이루어졌기 때문에 여신관리를 완화할 수 있는 여건이 조성되지 못하였고 금융의 후진성을 탈피하지 못하고 있는 것이다. 채무보증 규제가 신용대출 관행을 정착시키고 자금시장의 효율성을 증대시키는 중요한 계기라는 점에 대해서는 이론의 여지가 있을 수 없으며 금융기관의 발전이라는 점에서도 매우 중요한 정책과제이다.

또한 채무보증은 대부분의 경우 재벌총수가 행사하는 의사결정권만을 반영하기 때문에 피보증계열사가 부실화될 경우 채무를 보증한 계열사의 소액주주와 종업원의 권리가 부당하게 침해될 수도 있다. 채무보증이 경영권의 통상적 한계를 벗어나 이루어질 때 이는 주식회사제도의 기반에 대한 중대한 도전이므로 규제되어야 한다.

이러한 모든 점들이 규제의 당위성을 웅변하고 있다. 채무보증이 지금까지 재벌에게는 자금조달을 용이하게 하고 금융기관에게는 가공적이나마 담보로 작용하여 신용대출의 위험을 해소했던 반면, 우리 경제가 개방화·경쟁화되는 현 시점에 있어서는 재벌기업의 효율적 경영·투자 및 금융자금의 효율적 배분을 저해하고 있는 것이다. 외국의 경우 채무보증 규제가 없는 것은 채무보증 자체가 없었기 때문이며 일본 기업집단의 경우에도 기업별로 독립적으로 신용대출이나 담보대출을 공급받고 있다. 재벌이 우리나라 특유의 현상이듯이 채무보증도 우리나라 특유의 현상으로서 그 폐해를 없애는 길은 채무보증을 해소하는 방법뿐이다.

계열기업 간 재무상 연계를 규제한다는 공통점 때문에 출자규제와 채무보증 규제를 동일한 맥락에서 파악하려는 경향이 있다. 물론 계열기업 간 직·간접 상호출자는 채무보증과 마찬가지로 어느 정도 퇴출장벽 효과를 갖고 있다. 그러나 출자규제는 계열사 간 자본참여에 관한 규제인 반면 채무보증 규제는 외부자금 차입방법에 관한 규제이며, 계열사 간 출자는 완전해소를 목표로 규제될 수는 없는 순기능을 갖는 반면, 채무보증이라는 그릇된 금융관행은 앞서 지적했듯이 조속히 시정되어야 할 행태라는 점에서 차이점이 부각되어야 할 것이다. 또한 계열사 중 한계기업이 발생하더라도 출자의 경우에는 한계기업의 부도처리 시 출자분만큼의 권리를 주장할 수 있는 반면, 채무보증의 경우에는 단순히 보증한 만큼의 채무를 이행하여야 하는 의무만이 남는다는 점에서도 차이점이 있다. 다만 출자규제와 채무보증제한을 공정거래법이라는 법체계 내에서 취급하는 것이 타당한가 하는 의문은 남는다.

〈표 20〉 30대 재벌의 공정거래법 및 하도급법 위반

(단위:건)

그룹명	공정거래법 위반			하도급법 위반	그룹명	공정거래법 위반			하도급법 위반
	93	94	95. 1~8			93	94	95. 1~8	
현대	20	10	8	13	동국제강	4	-	3	-
삼성	10	12	6	2	효성	3	-	2	-
대우	5	7	6	9	한보	-	3	1	3
LG	9	11	3	5	동양	4	3	-	-
선경	6	3	4	2	한일	-	5	1	1
쌍용	1	7	2	6	코오롱	2	4	-	1
한진	-	4	-	3	고합	-	2	1	-
기아	-	4	-	2	진로	3'	6	3'	1
한화	5	7	-	-	해태	4	3	-	1
롯데	8	6	3	1	삼미	2	6	-	-
금호	1	4	-	2	동부	-	6	1	1
두산	2	8	3	4	우성건설	-	4	1	1
대림	2	4	-	4	극동건설	-	3	-	1
동아건설	1	5	-	1	벽산	-	8	1	3
한라	1	3	-	6	미원	8	2	-	-

주 : 공정거래법 위반행위는 경제력집중, 우월적 지위 남용, 공동행위, 기업결합, 거래거절, 표시광고, 경품, 재판매가격 유지, 거래지역 제한, 고객유인, 불공정행위 강요, 차별거래, 구속조건부 거래, 사원판매, 부당 고객유인 등 다양하며, 하도급법 위반행위는 대금·선급금·어음할인료·지연이자의 미지급과 지연지급 등임.

자료 : 공정거래위원회.

(4) 기타 공정거래법상 재벌정책의 실적과 평가

공정거래법에서는 출자규제와 상호채무보증 제한 이외에도 경재법의 통상적인 규제가 30대 재벌에게 적용되는 경우가 많고, 특히 1992년 7월 제정된 '대규모 기업집단의 불공정거래행위에 대한 심사기준'에 따라 내부거래의 지위를 부당하게 이용한 재벌의 불공정거래행위에 대한 규제가 강화되어 왔다. 또한 「하도급거래 공정화에 관한 법률」에 따라 하도급거래가 빈번한 재벌들이 규제되어 왔으며, 위장계열사를 적발하여 대규모 기업집단에 포함시키는 등의 노력이 있었다. 전반적으로 30대 재벌이 공정거래법 위반으로 조치된 결과를 보면 〈표 20〉과 같은데, 이러한 다양한 법 위반 행위에 대하여 공정거래위원회는 주로 경고와 시정명령을 발부하여 왔으며, 고발과 과징금 등 더욱 엄격한 제재수단을 발동한 경우도 있었다. 〈표 20〉의 단순한 수치만으로 재벌 대기업에 대한 공정거래법의 적용이 제대로 이루어지고 있는지를 판단할 수는 없다. 〈표 20〉의 기록 중에서 공정거래법상의 경제력집중 억제시책을 위반한 경우는 1993년 6건, 1994년 17건, 1995년 7건 등에 불과하며, 그나마 신고규정을 제대로 지키지 못한 경우가 대부분이다. 이는 출자규제와 상호채무보증제한의 경우 공정거래위원회가 계속 그 이행상태를 점검하고 재벌들도 법의 내용을 잘 알고 있기 때문이다. 〈표 20〉의 법 위반은 공동행위나 불공정거래행위가 대부분인데 일반적으로 재벌의 경쟁 제한 행위에 대하여 공정거래법 위반의 적발 노력이나 시정 노력이 미흡하다는 인식이 강하다. 공정거래법이 정작 중요한 재벌대기업의 법 위반에는 관대하고 힘없는 기업의 법 위반에 가혹하다는 비판이 제기되는 배경에는 대기업에 대한 법 적용이 제대로 이루어지지 않고 있다는 의구심이 자리잡고 있다. 우리나라 대기업의 공동행위, 불공정거래행위, 재판매가격 유지행위 등이 대기업의 일상적 경영에 만연되어 있다는 의심 때문에 〈표 20〉의 위반실적은 빙산의 일각에 불과한 것으로 비판되고 있으며, 대기업에 대한 공정거래법 적용이 더욱 강화되어야 한다는 목소리가 힘을 얻고 있다.

〈인용문 14〉는 산업재벌의 지배가 확대되고 언론재벌의 힘 또한 막강한 언론시장에서 공정거래법 위반사례가 많음에도 불구하고 그동안 법 위반에 대한 적발 노력이나 시정 노력이 거의 없었음을 비판하는 글이다. 사실 산업재벌의 언론지배가 방치되어서는 안된다 는 것은 II장에서 재벌의 다각화에 대한 최소한의 네거티브 리스트 규제에 언론이 포함되어야 한다고 지적한 바와 같다. 재벌의 언론 소유 및 지배를 규제할 것인가 여부를 떠나서 언론시장도 시장의 모든 특성을 가지고 있음을 감안한다면 〈인용문 14〉에서와 같이 공정거래법이 적용되어야 하는 것은 지극히 당연한 과제이다. 언론 이외에도 공정거래법 적용이 제대로 이루어지지 않고 있는 분야는 금융, 공기업 등인데, 금융의 경우 제2금융권이 대부분 재벌계열사인 점에서 공정거래법 적용을 강화하는 것이 관심사가 되고 있다.

〈인용문14〉

재벌언론과 언론재벌 : 탈법·불공정거래도 '치외법권'

신문시장에는 공정거래 원칙이 적용되지 않는다. 그런 의미에서 신문시장은 완전한 치외법권 지대인 셈이다. 과잣값은 조금 올려도 칼을 휘두르는 공정거래위원회가 이 대목에 오면 어찌 된 일인지 요지부동이다.(중략)

공정거래위원회가 신문시장의 불공정거래에 대해 조처를 취한 것은 단지 2건뿐이다. 현대그룹에 대한 정부의 각종 규제가 풀리지 않던 지난해에 《문화 일보》 일선 지국이 판촉을 위해 아파트 단지에 위성방송 안테나를 달아 준 것과 《조선일보》의 《Feel》 등 일부 여성지가 창간 판촉과정에서 화장품을 끼워 판 것에 대해 각각 내린 '경고조처'가 그것이다. 공보처의 한 관계자도 이와 관련해 "그 이상은 건드리기 어려운 것이 현실 아니냐"며 앞의 공정거래위 관계자와 똑같이 '이해'를 구했다.

공보처가 신문들의 무한경쟁 사례에 대해 공정거래법 위반 여부를 검토하다 최근 돌연 중단한 것(《한겨레신문》 4월 5일자 1면)도 정부 관계자들의 이런 시각과 무관하지 않다. 그래서 재벌언론과 언론재벌이 고삐 풀린 망아지처럼 마구잡이식 변칙경쟁에 나선 데는 '언론 눈치보기' 때문에 자신에게 부과된 감독권한을 포기한 정부의 몫도 크다는 지적이 나오는 것이다. 물론 신문시장에 대한 정부개입이 간접적인 언론통제로 이어질 수도 있다는 점에서 부정적 시각 또한 만만치 않다.

그러나 전문가들은 정부규제의 대상과 범주를 명확히 설정한 뒤 불공정거래에 대한 판단 기준과 절차를 합리화한다면 별문제 될 것이 없다고 말한다. 서강대 언론문화연구소 김학수 소장은 "신문시장은 공정거래질서가 확립되지 않은 유일한 곳"이라며 "신문사들의 자정노력조차 기대하기 어렵고 독자 차원의 시민운동도 쉽지 않다면 현재로선 공정거래위원회가 나서서 엄격하게 법 집행을 하는 수밖에 없다"고 말했다.(중략)

한편 거대언론들의 시장쟁탈전과 이에 따른 증면경쟁이 자신들이 내세운 이유와는 정반대로 단순한 '돈벌이'를 겨냥하고 있다는 사실을 입증하는 것은 최근 크게 늘어난 광고량이다. 지난해 다투어 증면경쟁에 나서면서 알림란 등을 통해 "새롭고 다양한 정보수요를 충족시키기 위한 것"이라고 밝혔던 이들 신문의 광고점유율 증가가 지면의 증가율을 훨씬 앞지른 것으로 나타났기 때문이다.

올해 3월 한 달 동안 4대 일간지 광고점유율이 54.6%에 이르고 있는데다 가장 중요한 뉴스와 정보를 싣는 1면까지 거의 모든 신문들이 절반에 가까운 40% 이상을 고가의 광고로 채우는 현실은 증면과 독자서비스가 실제 '돈벌이'의 한 방편에 불과함을 반증한다. 특히 정보통신부가 광고가 전체 면수의 절반을 넘으면 제3종우편물 취급인가를 취소

할 수 있도록 한 우편물시행규칙을 지난해 10월 슬그머니 없애버린 것은 이런 횡포를 방조하는 정부의 언론 눈치보기의 한 단면이다.

주동황 광운대 교수는 "경쟁은 치열하면서도 지면개선의 질적 변화 없이 가격(구독료)만 인상되는 이상한 상품이 바로 신문이라면서 "보기 싫은 신문도 억지로 받아보는 독자들의 보수적 성향도 자본력에 의한 물량경쟁을 격화시키는 요인 가운데 하나"라고 말했다.(중략)

-《한겨레신문》, 1995년 4월 7일

〈표 20〉의 단순한 수치로 나타나지는 않지만, 현 정부는 공정거래법에 근거한 재벌정책의 차원에서 두 가지 중요한 변화를 시도하였는데, 내부거래에 근거한 재벌 특유의 불공정거래행위에 대한 법 집행 노력과 위장계열사의 적발 노력이 그것이다. 내부거래에 근거한 재벌의 불공정거래행위에 대하여 정부는 1992년 7월 제정한 심사 기준에 따라 그동안 3차의 조사 및 시정조치와 시정조치의 이행 점검을 실시한 바 있다. 1993년 5월 31일부터 7월 16일까지 계속된 1차 조사에서는 현대, 삼성, 대우, 선경, 금호, 효성, 동국제강, 미원 등 8개 그룹 23개 계열사를 대상으로 내부거래를 조사한 결과 차별 거래, 거래거절, 사원판매, 거래강제, 불공정행위 강요 등 총 79건의 법 위반을 적발하여 시정조치를 취하였다. 1994년 5월 16일부터 7월 1일까지 계속된 2차 조사에서는 LG, 쌍용, 기아, 두산, 한라, 삼미, 코오롱, 고합, 동부, 해태 등 10개 그룹 24개 계열사에 대하여 76건의 법 위반을 적발, 시정조치를 취한 바 있으며, 1994년 8월 22일에서 11월 7일까지의 3차 조사에서는 한진, 한화, 롯데, 대림, 동아건설, 한일, 동양, 진로, 우성건설, 극동건설, 한보, 벽산 등 12개 그룹 27개 계열사에 대하여 44건의 법 위반을 적발, 시정조치를 취하였다.

1995년 2월 17일부터 4월 1일까지는 시정조치의 이행실태를 점검한 결과 선경, 현대, 대우 등 3개 그룹 6개 업체에 대하여 법 위반을 적발하여 시정조치를 취하였다. 〈표 21〉은

3차에 걸친 조사 결과 적발·시정된 재벌의 불공정거래행위인데 차별취급이 압도적 비중을 차지하고 있다.

〈표 21〉 내부거래를 이용한 재벌의 불공정거래행위

	법위반 업체	법위반 건수	차별 취급	거래 거절	사원 판매	배타 조건부	우월적 지위남용	거래 강제
1차	19	79	65	2	6	-	-	6
2차	21	76	67	1	4	1	1	2
3차	24	44	32	2	2	2	3	3

그러나 내부거래를 이용한 재벌의 불공정거래행위는 이를 규제할 때 발생하는 부작용에 대한 비판적인 시각도 있다. 우선 재벌의 내부거래를 '부당 내부거래'라고 표현함으로써 마치 내부거래라는 행위 자체가 정당하지 못하다는 인상을 주는 것은 옳지 못하다. 기업은 거래행위에 있어서 항상 외부의 시장을 이용할지 내부화할지를 선택할 자유가 있기 때문에 내부거래 그 자체가 공정거래법 위반이 되는 것은 아니다. 내부거래를 악용하여 재벌이 불공정거래행위를 일삼는 것은 마땅히 제재받아야 할 것이나, 또 다른 문제는 내부거래에 근거한 불공정거래행위가 워낙 교묘하고 은밀하게 이루어지고 있기 때문에 방대한 조사에 비하여 법 위반 행위를 발견하기란 어렵고, 상당부분 내부거래의 문제점은 조세를 회피하는 데 있다는 점도 중요하다. 이에 따라 내부거래에 대한 조사는 공정거래위원회와 국세청이 공동으로 실시하

여 불공정거래행위와 조세회피를 동시에 규제해야 한다는 지적이 있다.

재벌의 위장계열사를 적발하여 대규모 기업집단의 계열사로 편입시킨 조치도 현 정부가 공정거래법에 근거하여 재벌정책을 강화하였던 노력으로 평가된다. 정부는 1993년 6월 이후 50대 기업집단에 대하여 위장계열사를 조사하였는데, 1993년 11월의 조사 결과에 따르면 50대 기업집단 중 21개 기업집단의 56개 회사를 계열편입대상으로 확정하였고 12개 기업집단의 26개 회사를 계열회사는 아니지만 중점관리대상으로 선정, 관리하기로 했다. 이들 56개 회사 중 30대 재벌 소속 46개 회사는 1994년 4월 1일의 대규모 기업집단 지정시 편입조치되었다. 위장계열사에 대한 조사과정에서 과연 계열사로 지정하는 것이 타당한지에 대한 의문이 제기된 사례도 많았고, 계열회사의 지정 기준이 무엇인지에 대한 의문이 제기되어, 공정거래위원회는 '대규모 기업집단 계열회사 심사요령'을 제정하여 운용하게 되었다.

계열회사 지정요건이 지나치게 엄격하여 사실상 동일한 지배관계 하에 있지 않은 회사가 계열회사로 지정된다면, 그 회사는 상당한 피해를 보게 될 수도 있다는 비판이 제기되었다. 억울하게 계열사로 지정된다면 공정거래법상의 규제도 문제였거니와 계열사로 지정되는 순간 노동조합의 무리한 임금인상 요구 등에 따라 곤경에 처할 가능성이 크기 때문에 계열회사의 지정은 그만큼 신중을 요하는 측면이 있었다. 특히 최근 일부 재벌들이 스스로 계열관계를 분리하려는 움직임이 있었는데, 그 경우 계열회사 지정 요건이 지나치게 엄격하다면 재벌이 아무리 계열을 분리하더라도 법적으로는 계열관계가 청산되지 않는 문제가 제기되므로, 계열회사 지정 요건은 계속 논란의 대상이 될 전망이다.

5. 진입규제, 민영화, 민자유치 등 산업정책 : 재벌정책 관점의 평가

업종별 진입규제, 공기업 민영화, SOC 민자유치 등은 모두 21세기 우리 경제의 모습과 성장잠재력에 영향을 미치는 중요한 산업정책과제들이다. 주요 산업에서 진입규제를 계속할 것인가? 대규모 공기업을 민영화할 것인가? 대규모 SOC 프로젝트에 민간의 자본과 경영을 도입할 것인가? 이러한 의문은 전형적인 산업정책의 과제들이며, 따라서 재벌정책의 과제라고 보는 것은 비약일 것이다. 그러나 정작 중요한 점은 정책의 분류학이 아니다. 현실적으로 진입규제, 민영화, 민자유치 등은 모두 재벌과 밀접하게 관련되며, 바로 그 점 때문에 이들 산업정책은 재벌관련 주요 시책으로서 앞서 〈표 10〉에 소개되고 있다.

이처럼 산업정책과 재벌정책을 구분하는 것은 큰 의미가 없다. 오늘의 재벌을 있게 한 것이 60년대 이후 산업정책과 금융정책이었음을 상기한다면, 오늘날 산업정책의 현안과제인 진입규제, 민영화, 민자유치는 직·간접적으로 재벌의 미래에 큰 영향을 미치는 정책들이다. 어떤 의미에서는 여신관리제도, 업종전문화 시책, 공정거래법상의 출자규제와 상호채무보증 제한 등 30대 재벌에게만 차별적으로 적용되는 좁은 의미의 재벌정책보다도 재벌에게 더욱 중요한 정책이 바로 진입규제, 민영화, 민자유치와 같은 산업정책이라는 점을 인정할 필요가 있다.

현 정부는 이들 산업정책의 현안과제에 대하여 매우 신중한 태도를 표명해 왔으나, 산업정책의 밑바탕에 흐르는 큰 물줄기는 자유화라는 대세였다고 평가된다. 1993년 12월 현 정부는 전례가 없을 정도로 큰 폭의 공기업 민영화 계획을 발표하였고, 1994년 8월 현 정부는 SOC의 확충에 민간자본을 유치하기 위하여 「사회간접자본 시설에 대한 민간자본유치촉진법」을 제정하였으며, 1994년 12월 현 정부는 수년간 논란의 대상이 되었던 삼성그룹의 승용차사업 신규진입을 허용하였다. 물론 공기업 민영화의 실적이 계획보다 부진하고, SOC 민자유치는 갓 시작한 상태이며, 승용차 진입규제 폐지에도 불구하고 여타 주요산업의 진입규제까지 사라진 것은 아니지만, 최근 수년간 산업정책의 밑바탕에는 과거에 비하여 자유화의 움직임이 뚜렷해진 것만은 부인할 수 없는 사실이다.

산업정책의 이러한 변화는 재벌부문에도 큰 변화를 초래할 것이다. 진입규제가 자유화되고 공기업 민영화와 SOC 민자유치에 재벌의 참여가 계속 이어진다면, 우리 경제에서 민간부문의 비중이 급속히 증가함과 동시에 재벌 간 경쟁이 치열해지고, 경제력집중은 급격히 심화될 가능성도 있다. 이에 따라 산업정책상의 이슈는 항상 경제력집중을 고려하지 않을 수 없는 상황이 계속되고 있으며, 산업정책의 자유화 추세를 경제력집중 차원에서 어떻게 이해해야 하는지가 중요한 의문으로 제기되고 있다.

(1) 진입규제 : 재벌정책 관점의 평가

1989~93년 경쟁력위기 논쟁이 남긴 것은 경쟁력 지상주의였다고 평가된다. 이때부터 소위 국제경쟁력이라는 말은 다른 모든 가치를 무력화시키는 상위개념으로 자리잡기 시작했으며, 효율성이야말로 선진국 진입의 문턱에서 좌절하지 않기 위하여 우리가 추구해야 할 최고의 가치로 인식되었다. UR 타결 이후 WTO 체제하에서 소위 국경 없는 무한경쟁이 전개될 것이라는 상황인식이 경쟁력·효율성 위주의 논리를 더욱 확산시켰다.

이러한 상황에서 그동안 정부가 주요 산업에서 때로는 법적 장치를 통하여, 때로는 재량주의적 행정지도를 통하여 유지해 왔던 진입 규제가 경쟁력 제고에 걸림돌이 된다는 비판이 제기되기 시작하였다. 진입규제의 폐지를 공공연하게 주장하는 것은 사실 과거 정권하에서는 일종의 금기였다고 볼 수 있다. 재벌이 특정산업에 새로이 진출하기를 원할 경우 대부분 진입허용 여부는 개별사안에 국한하여 은밀히 거론되는 경향이 있었고, 특정 재벌에게 진입을 허용했다고 해서 진입규제의 폐지를 의미하지도 않았다. 현 정부하에서 진입규제가 공개적으로 논의된 것은 사실 정부 재벌 관계의 변화와도 무관하지 않으며, 21세기에 새로운 사업구조를 구축하여 그룹의 성장을 지속시키기 위한 재벌들의 희망이 반영된 것이다. 이와 함께 현 정부가 취임 초부터 주장해 온 규제완화 또한 규제의 핵심인 진입규제의 폐지를 공론화하는 데 크게 기여한 셈이다. 더욱 중요하게는 향후 우리의 의사와 관계없이 외국기업에게 내수시장을 완전개방해야만 한다면, 국내 신규진입자의 참여를 막는 진입규제가 무슨 의미가 있느냐는 논리도 크게 작용하였다. '선 대내개방 후 대외개방'의 수순을 밟아야만 국내기업의 경쟁력이 강화되어 외국기업에게 시장을 잠식당하지 않는다는 논리가 유행하게 되었다.

사실 그동안 우리나라의 주요 산업에서 유지되었던 독과점 시장 구조는 상당수가 명시적 혹은 암묵적인 진입규제를 수반했던 만큼, '평화로운 독과점구조'였다. 진입규제가 폐지된다면 왕성한 팽창욕구를 가진 재벌들의 신규참여가 쉽게 예상되었고, 오랜 기간 유지되어왔던 평화로운 독과점구조는 국내기업 간의 치열한 경쟁의 장으로 변할 것이라고 쉽게 예상할 수 있었다.

진입규제가 공론화되면서 진입규제의 폐지 여부를 둘러싸고 찬반 논쟁이 격화되었다. 진입규제의 폐지를 찬성하는 측에서는 과거 진입규제를 통하여 유지해 왔던 평화로운 독과점구조가 지속된다면 비효율적인 기업이 도태되지 못하기 때문에, 경쟁을 통하여 가장 효율적인 사업자를 선발하는 것만이 산업경쟁력을 제고하는 첩경이며, 신규진입자가 불리한 여건을 극복하는 것은 자신이 알아서 할 일이고, 투자에 따른 책임은 기업이 부담해야 한다고 주장하였다. 반면 진입규제의 폐지를 반대하는 측에서는 과도한 투자경쟁이 결국 중복·과잉 투자와 과당경쟁으로 귀결될 가능성이 크며, 그렇게 된다면 업계 전체가 가동률 하락으로 오히려 경쟁력 약화를 경험할 것이고, 진입 후의 경쟁이 기술경쟁이 아니라 자본경쟁이나 판매경쟁이 되면 경쟁력 향상에 도움이 되지 못한다고 주장하였다.

삼성그룹의 승용차 신규진입을 둘러싸고 정부, 재계, 학계가 2년 가까이 벌인 논쟁은 그 대표적인 사례로 기록될 것이다. 그러나 유감스럽게도 정부의 갑작스러운 태도변경으로 진입허용이라는 결말만 보았을 뿐, 우리 사회에 진입규제 폐지에 대한 공감대를 형성하지는 못했던 것으로 평가된다. 우리 경제가 성숙된 시장경제였다면 진입규제의 폐지를 둘러싸고 온 나라가 떠들썩한 모습은 참으로 이해하기 어려웠을 것이나, 지난 30여 년의 압축성장을 정부가 이끌어 왔고 진입규제가 국가주도 경제운용의 중요한 수단이었던 점을 감안한다면 하루아침에 진입규제를 폐지하고 자유화의 길을 선택하기란 어려웠던 것이다.

자동차산업뿐만 아니라 어떤 산업이든지 진입규제 폐지를 둘러싸고 나라 전체가 몇 년씩 몸살을 앓는 상태는 분명히 소모적이다. 그러나 이러한 의견대립을 비난하기에는 과거의 국가주도형 경제운용의 전통이 워낙 깊었고, 어떤 의미에서는 그동안 시장기능을 제대로 구축하지 못했던 대가를 이제 지불하고 있는 셈이다. 삼성의 승용차사업 진출이 기술도입계약서의 수리라는 형식을 빌려 허용된 이후에도, 다른 산업에서 진입규제 이슈가 제기될 때에는 또다시 유사한 논쟁을 원점에서부터 시작하고 있다. 〈인용문 15〉는 개인휴대통신, 철강, LNG, 유화, 해외금융, 반도체 등에서 진입규제를 포함한 산업정책의 기본 방향이 아직도 표류하고 있음을 비판한 글이다.

그렇다면 재벌정책과 관련하여 진입규제의 폐지가 시사하는 바는 무엇인가? 진입규제의 폐지는 해당 산업에서 기존사업자의 지위를 갖고 있는 재벌이나 신규참여를 희망하는 재벌의 입장에서는 이해관계의 중요한 변화를 의미하여, 그 자체로서 어떠한 의미를 찾기는 어렵다. 기존사업자 입장에서는 진입규제 폐지에 따른 경쟁심화란 매우 피곤한 일이고, 신규진입자 입장에서는 후발주자의 제약을 극복할 수만 있다면 사업 재구축을 위한 다각화의 좋은 기회이다.

〈인용문 15〉

정부 산업정책 원칙 없이 표류

정부가 세계화정책의 깃발을 내세우며 '기업하기 좋은 나라'로 만들겠다고 다짐은 했지만 우리나라는 어느 틈엔가 '기업하기 어려운 나라'로 변하고 있다. 사업 신규참여나 공장 신·증설 때 특별히 이를 막거나 제한할 근거가 없는 정부당국이 기업들로 하여금 눈치를 보게 하기 때문이다.

투자여력이 생긴 기업들은 해외투자나 신·증설 투자에 나서려 하지만 번번이 청와대나 재정경제원, 통상산업부 등에 의해 제동이 걸린다며 불만이다. 이젠 정부 일각에서도 기업활동을 조장해줘야 할 산업정책이 중심을 잃고 있다고 스스로 인정할 정도가 돼버렸다. 이에 따라 삼성·현대·대우 등 기업들이 철강·반도체·통신 ·해외금융 등 21세기 전략분야에서 지금 당장 벌여야 할 여러 사업들이 여기저기서 표류하고 있다.

이한구(李漢久) 대우경제연구소장은 "기업들도 자신의 판단과 책임 아래 사업을 벌일 정도가 됐다"며 "정부가 원칙도 없이 예전처럼 기업들을 지도하려 해선 곤란하다"고 지적했다.

- 개인휴대통신(PCS) : 사업권자 선정이 별 이유 없이 연기된데다 CDMA, TDMA 등 기본 기술방식이 안 정해져 사업진출을 준비해 온 기업들이 큰 혼선을 빚고 있다.
- 철강 : 현대그룹이 연산 900만 톤 규모의 일관제철소 건설을 추진했으나 정부가 강력히 반대해 주춤한 상태, 포철은 인도네시아에 200만 톤 규모의 제철소 건설을 추진 중이나 통산부는 일본도 하지 않고 있다는 이유로 부정적인 입장을 보여 역시 주춤거리고 있다.
- LNG사업 : 포철은 올봄 LNG사업 진출을 발표했으나 청와대가 공익기업이 사업을 방만하게 벌인다며 제동을 걸어 무산됐다.

- 유화 : 현대석유화학은 나프타 분해공장 증설을 꾀하고 있으나 당국이 공급과잉을 이유로 부정적인 입장이어서 속을 태우고 있다.
- 해외금융 : 종합상사들은 해외에 할부금융 판매회사를 설립해 신규고객을 개발해야 한다는 주장이나 재경원은 좀처럼 승인을 내주지 않고 있다.
- 반도체 : 국내·외의 새 공장부지 확보가 어려운 것은 물론 해외사업장 건설도 재경원이 최근 만든 해외투자 가이드라인에 걸려 사업계획서 마련조차도 힘든 상태.

-《중앙일보》, 1995년 10월 20일)

산업 전체의 관점에서 진입규제의 폐지는 재벌 간 경쟁의 격화를 의미하는데, 어차피 대자본이 소요되는 산업이라면 진입규제가 폐지됨으로써 재벌 간 경쟁이라는 의미 있는 경쟁이 시작되는 셈이다.

'경쟁'은 경쟁력을 제고하는가? 이 단순한 의문이야말로 진입규제의 폐지를 둘러싼 논쟁의 요체이면서도, 논리적으로나 경험적으로 백퍼센트 확실한 해답을 구하는 것이 불가능한 어려운 질문이다. 경쟁이 경쟁력을 제고한다는 것이 자유론자의 대답이고, 그렇지 않다는 것이 보호론자의 대답이다. 이 두 가지 대립된 시각은 통상 신념의 수준에 머물고 따라서 경쟁도입에 대한 논쟁은 평행선을 달리는 것이며, 그 평가는 사후적으로 경쟁의 성과를 직접 우리 눈으로 확인할 때에나 가능하다. 흔히 경쟁지상주의라고 비난받는 측도 사실은 "경쟁과정을 통하여 가장 효율적인 사업자가 선발되고 비효율적인 사업자는 도태되어야 한다"는 단서를 달게 마련이며, 보호자들도 유사한 단서를 달게 마련이다.

그렇다면 재벌 간 경쟁은 경쟁력을 제고하는가? 진입규제의 폐지가 직접적으로 경제력집중의 심화를 의미하지는 않는다. 그러나 재벌 간 경쟁의 특성으로 볼 때 경쟁의 공정성이 훼손될 가능성이 있고, 무엇보다도 재벌 간 경쟁은 해당 산업 내 기업 대 기업의 경쟁이 아니라 그룹 대 그룹의 경쟁이라는 특성이 있다. 기업 대 기업의 경쟁은 경쟁의 승자도 기업이며 패자도 기업이다. 그러나 그룹 대 그룹의 경쟁이라면, 경쟁 결과에 따라서는 그룹 전체의 부실화 가능성이 있다. 부실화는 필연적으로 퇴출의 이슈를 야기하며, 그것이 기업의 퇴출이 아니라 그룹의 퇴출을 의미할 수도 있는 것이다. 퇴출이라는 포기경영을 경영의 실패로 인식하고 부실화 직전에서도 물러서지 않는 것은 결코 합리적인 선택이 아니다. 그러나 우리나라 재벌의 경영행태가 그룹 전체의 부실화를 감수할 만큼 무모한 측면이 있는 것도 사실이며, 그 배경에는 정부의 보험자 역할과 재벌의 도덕적 이완이라는 정부-재벌관계의 특성이 깔려있다.

이렇게 본다면 대규모 산업에 있어서 진입규제의 폐지는 그 자체로서 타당성을 따지기보다는 퇴출을 생각하면서 논의되어야 할 것이다. 어떠한 이유로든 퇴출이 적당한 시점에 효율적인 방법으로 이루어지지 않는다면, 진입규제를 폐지하는 것이 문제를 야기할 수도 있다. 진입규제가 재벌정책에 대하여 갖는 시사점이 있다면, 진입 이후 경쟁의 결과 패자에 대한 처리과정이 과연 효율적으로 이루어지느냐가 고려되어야 한다는 것이다. 산업의 동태적 발전과정에서 진입이 중요하듯이 퇴출도 중요한데, 퇴출시장이 발전하지 못한 우리의 현실이나, 퇴출에 있어서 합리적 의사결정에 익숙하지 못한 재벌의 관행이나 정부-재벌관계가 문제를 어렵게 만들 수 있다는 것이다. 진입에 따른 퇴출의 가능성까지 고려한다면, 진입규제의 폐지 및 이에 따른 재벌 간 경쟁의 심화는 경제력집중의 심화를 야기할 수도 있다.

노다지 鑛?

- 《매일경제신문》, '매경만평' 1995년 12월 15일)

현 정부의 산업정책에서 주요 산업의 진입규제가 이슈화된 것은 어차피 언젠가는 치러야 할 홍역과 같은 것이었다. 우리 경제가 점차 세계경제에 통합되는 속도가 빨라지고 내수시장을 국제경쟁에 완전히 개방하는 것이 결국 시간문제였다면, 현 정부 취임 후 진입규제의 폐지가 쟁점화되고 있는 작금의 상황은 그 자체가 진일보한 것이다. 다만 진입규제의 찬반논리가 경쟁력 효과에 대하여 평행선을 달리기만 하고, 퇴출의 논의로 발전하지 않고 있는 것은 유감이다. 예컨대 통신사업의 경우 현재 어떤 식으로든 통신에 참여하지 않는 재벌이 없을 정도로 재벌의 통신진출은 러시를 이루고 있으나, 거기에도 진입이 있다면 결국 퇴출이 있을 것이며, 그러한 퇴출이 언제 어떤 식으로 이루어지느냐가 중요해지는 시점이 올 것이다.

(2) 공기업 민영화와 SOC 민자유치 : 재벌정책 관점의 평가

공기업 민영화란 사업을 영위하고 있는 현존하는 공기업의 소유·지배·경영권을 민간에게 넘기는 것으로서, 공기업의 효율성 제고 및 정부 재정수입의 증대 등의 경제적 목적이나 대중자본주의와 같은 정치적 목적을 달성하기 위한 정책이다. 공기업 민영화는 기업지배권의 변화를 수반하므로 기본적으로 국가와 민간 사이에서 발생하는 M&A로 이해된다. 한편 사회간접자본 시설에 대한 민자유치는 대개의 경우 미래의 사업권을 국가가 담당하지 않고 미리 민간에게 넘기는 것이다. 한국전력이 현재 가동중인 발전소를 민간에게 매각하는 것은 민영화지만, 장차 설립할 발전사업을 미리 민간에게 적당한 조건에 넘기는 것은 민자유치이다. 가스공사가 평택·인천의 기존 인수기지를 매각한다면 민영화이지만, 아직도 계획단계인 제3의 인수기지를 미리 민간에게 매각한다면 그것은 민자유치이다.

공기업 민영화와 SOC 민자유치는 투자의 회임기간이나 위험도의 측면에서 큰 차이가 있고 따라서 별개의 독립된 현상인 것처럼 인식되지만 국가가 영위하고 있는, 혹은 장차 영위해야 할 사업을 민간에게 일정한 조건에 매각한다는 점에서 그 경제적 본질은 동일하다. 김포공항을 매각한다면 민영화이고 영종도공항에 민간참여를 허용한다면 민자유치이기 때문에 투자의 회임기간, 위험도, 불확실한 수익성 등이 모두 매각조건에 적절히 반영되는 한, 양자의 본질은 동일하다고 볼 수 있다.

공기업 민영화, SOC 민자유치는 재벌과 경제력집중 차원에서 분명한 시사점을 갖는다. 민영화든 민자유치든 국가와 민간 사이의 M&A는 만약 인수당사자가 재벌이라면 결국 재벌의 지배권하에 놓인 자산이 갑자기 증가하게 되므로 경제력집중이 그만큼 불연속적으로 심화되는 것은 당연하다. 물론 재벌이 공기업을 인수할 경우 경영권 프리미엄을 충분히 반영하는 값을 지불해야 하고 매수자금을 마련하기 위하여 자구노력을 수행해야 하는 경우도 있으나, 계열사의 출자와 부채 동원이 가능할 것이고 그만한 규모의 기업을 새로이 설립하는 자금에 비하면 공기업을 인수하는 비용이 훨씬 낮은 것이 보통이다. 재벌이 기존에 지배하던 자산을 처분하지 않고 대규모 공기업을 인수할 수 있다면, 그룹 내 투자의 구축효과를 감안하더라도 경제력집중이 심화되는 것은 필연적인 현상이다. SOC 민자유치의 경우에도 그 상황은 유사하다. 1980년 선경그룹이 당시의 대한석유공사(현재의 유공)를 인수했을 때 그 기업이 제조업 전체에서 차지하는 출하비중이 5.6%였다는 점은 재벌의 인수를 허용하는 대규모 공기업의 민영화가 경제력집중을 단기간 내에 급격히 심화시킬 수 있음을 보여 준다.

현 정부가 1993년 12월 발표한 공기업 민영화 계획은 58개 공기업의 정부지분을 매각하는 것으로(경영권 이양 35개사, 단순지분매각 23개사) 당시 개략적으로 약 8조 원의 매각규모가 될 것으로 추정되었다. 이 민영화 계획의 핵심적 특징은 "과거와 달리 부분적인 지분매각이 아니라 정부와 투자기관의 지분을 완전매각하여 경영권을 실질적으로 민간에 이양함으로써 공기업을 주인 없는 경영에서 주인 있는 경영으로 전환하는 데 중점을 둔다"는 것이었다. 주인 있는 경영이란 결국 공개경쟁입찰을 통한 재벌의 공기업 인수를 허용한다는 의미였던 만큼 1993년 12월의 민영화 계획은 상당히 파격적인 조치로 인식되었다. 경제력집중 효과를 다소 감수하더라도 재벌의 인수를 통하여 공기업의 비효율을 치유하겠다는 효율성 위주의 발상은 상당한 충격을 던져 주었다.

공기업 민영화에 있어서 재벌의 인수를 허용하는 것이 효율성 차원에서 최선의 선택인가? 이 의문에 대해서는 논란이 끊이지 않고 있지만, 우리나라의 기업 현실에서는 소유·경영이 분리된 전문경영체제보다 '오너' 경영이 더욱 확실한 효율성 제고 효과를 가질 것이라는 주장이 힘을 얻고 있다. 재산권 이론에 따르면 공기업보다는 사기업이, 소유·경영이 분리된 기업보다는 '오너' 경영이 소위 대리인 비용을 줄이고 경영효율성을 높이는 방법이라고 볼 수 있다. 미국, 영국, 독일, 일본 등 선진자본주의 국가에서 기업통제장치(corporate governance mechanism)에 대한 논의가 활발한 것은 소유와 경영이 분리된 근대 주식회사의 비효율을 치유할 수 있는 방법을 찾으려는 노력인데 비하여, 우리나라는 아직도 나름대로의 지배·통제구조를 갖고 있지 못하기 때문에 소유·경영의 분리가 그만큼 효율성 차원에서 의문시된다는 것이다.

효율성 차원에서 '오너' 경영이 전문경영보다 우월하다면, 공기업 민영화 시 '오너' 경영을 허용할 것인가, 아니면 소유가 분산되고 소유·경영이 분리된 전문경영을 선택할 것인가의 문제는 효율성과 경제력집중이라는 두 가지 잣대로 볼 때 분명히 상충적인 요소를 갖는다. '오너' 경영은 효율성 차원에서는 우월하지만 경제력집중이 심화 되는 부담이 따르고, 전문경영은 재벌의 계열사가 되는 것을 막아 경제력집중의 부담은 없지만 효율성을 충분히 담보할 수 없다는 문제가 있다. 이 두 가지 기준을 모두 충족시키는 최선책이란 존재하지 않기 때문에 공기업을 민영화하려는 정부로서는 결국 어느 한쪽의 희생을 감수하는 차선책을 모색할 수밖에 없다. 1993년 12월의 민영화 계획은 효율성을 위하여 경제력집중을 감수하겠다는 선택이었고, 공기업이 당면한 비효율을 해소하는 것을 최대의 목표로 삼았다고 볼 수 있다.

그러나 주인 있는 경영의 효율성을 내세운 민영화 계획은 계획시행 초기부터 큰 반발에 직면하게 되었다. 재벌의 공기업 사냥이 경제력집중을 심화시킨다는 비판이 당초 예상보다 더욱 강하게 제기되자 정부는 당초 계획을 약간씩 수정하는 조치를 발표하였다. 1994년 7월에는 민영화 계획에 포함된 58개 공기업 중 가장 큰 규모인 담배인삼공사, 한국중공업, 가스공사 등에 대하여 "상장 등을 통하여 소유를 최대한 분산시킨 후 경쟁여건을 조성하여 민영화하는 방안을 강구"

한다는 방침을 밝혔고, "고속도로시설공단 등 10개 공기업은 30대 재벌의 참여를 자제하도록 유도할 계획임을 밝혔다. 주식시장의 침체 국면에서 1995년 5월에는 증시안정화 대책에 따라 상장 공기업의 지분매각을 유보한다고 발표하였다.

어쨌든 1993년 12월의 민영화 계획은 시행 2년이 경과하였으나 당초 계획에 비하여 그 실적은 부진하다. 1995년 6월 현재 민영화의 실적은 경영권 이양 6개사, 단순지분매각 6개사, 일부지분매각 5개사뿐이며 매각수입은 한국이동통신을 제외하면 약 7,000억 원에 불과하다. 민영화를 지연시키고 있는 요인은 다양하지만, 첫째, 주인 있는 경영과 경제력 집중의 상충으로 '공기업 민영화 = 친재벌정책'이라는 비판이 제기됨에 따라 나타난 재벌문제와 정치적 부담에 대한 우려가 중요한 요인이다. 둘째, 증시상황이 악화되면서 민영화가 증시에 부담이 된다는 우려도 작용하고 있다. 셋째, 일부 독점공기업의 경우 적절한 경쟁도입방안에 대하여 합의하기가 어렵기 때문이다. 넷째, 공기업 민영화를 추진하고자 하는 정치적 리더십이 부족한 한편 주무부처, 해당 공기업 경영진과 노동조합 등이 조직적으로 저항하기 때문이다.

현 정부의 공기업 민영화가 당초 대규모로 계획되었다가 계속 지연되고 있는 현실은 상당한 국민경제적 비용을 초래할 것이다. 첫째, 공기업의 비효율이 지속되고 경쟁력 허약체질이 방치된다면 향후 경쟁이 심화되면서 공기업의 생존 자체가 의문시되는 상황이 발생할 수 있다. 일부에서는 "공기업을 유지하면서도 자율책임경영을 실현하거나 경쟁을 도입하면 공기업의 경쟁력은 충분히 강화될 수 있다"는 주장도 있으나, 우리나라의 정부 공기업 관계와 정치경제적 상황으로 볼 때 이는 실현하기 어려운 희망이며, 공기업의 책임경영을 보장하려는 정부측의 실질적인 노력도 없었다. 따라서 공기업을 유지하면서 참된 자율권을 부여하고 사기업같이 경영되도록 한다는 것이 쉬운 일이 아니며, 무엇보다도 그렇게 할 바에는 왜 민영화하지 않는지를 알 수 없다. 둘째, 계획만 발표하고 민영화를 실제로 할 것인지를 정부가 분명히 밝히지 않는 상황이 3년째 지속되면서 해당 공기업의 경영진, 노동조합 등의 동요가 기업에 나쁜 영향을 미치고 정책 일관성에 대한 신뢰가 사라지는 문제점을 야기하고 있다.

현 정부가 공기업 민영화를 지속적으로 추진하기 위해서는 경제력 집중, 경쟁도입, 주식시장 제약, 민영화 추진체계 등에 대한 방침을 다시 한번 정립하려는 노력이 필요하다고 평가된다. 우선 경제력집중 문제에 대해서는 효율성을 극대화하는 동시에 경제력집중을 최소화하는 최선책은 없다는 점을 분명히 인식할 필요가 있다. 이에 따라 초대형 공기업은 재벌인수를 배제하고 상대적으로 소규모인 공기업은 재벌인수를 허용하는 방법만이 가능할 것이다. 무엇이 그 기준이 되느냐에 대한 경계선의 판단은 정부의 몫이나 규모만을 고려할 것이 아니라 경쟁도입 가능성도 고려되어야 할 것이다. 경쟁도입이 가능하다면 경제력집중의 폐해가 상대적으로 줄어들기 때문이다. 또한 공기업은 매출에 비하여 자산과 자본이 매우 큰 특징을 가지므로, 경제력집중 효과를 억제하고 산업정책적 선결과제(고용정리 등 이해관계자 무마) 해결용의 자금확보를 위하여 지분감소 후 민영화도 고려할 필요가 있다. 분할 민영화의 가능성은 이론적으로는 항상 가능하지만 눈에 보이지 않는 기업분할의 비용을 고려할 필요가 있다.

민영화 시 경쟁도입의 이슈에 대해서는 현재 공기업이 영위하고 있는 사업 중 상당수는 독점이 유지되어야 할 분명한 이유(자연독점 등) 없이 진입규제로 보호되고 있기 때문에 경쟁도입이 가능한 분야가 다수 존재함을 분명히 인식할 필요가 있다. 정부가 공기업 상태를 유지하면서 민간의 신규진입을 허용한다면, 해당 공기업은 여러 가지로 불리한 조건하에서 경쟁해야 하므로, 가능한 한 민영화와 경쟁도입을 거의 동시에 추진하는 것이 타당하다. 만약 정치적 이유 등으로 민영화가 계속 지연될 경우, 경쟁도입부터 과감하게 추진하여 공기업의 경영을 자극하고 체질을 개선하며 조기 민영화의 명분을 축적할 필요도 있을 것이다. 경쟁도입이 불가능한 분야에 있어서도 공적 독점을 유지하면서 정부가 경영에 개입하고 가격 혹은 수익률을 직접 통제하는 것보다는 민영화 이후 사적 독점에 대하여 가격 혹은 수익률 규제의 규칙을 적용하는 경우가 효율성 차원에서 우월할 것으로 판단된다. 통상적으로 전력, 가스, 수도, 통신, 철도 등 네트워크 사업은 자연독점이라고 간주되지만, 기술변화 및 새로운 경쟁방식의 개발 등으로 진정한 자연독점 분야는 줄어들고 있으므로 외국의 경험과 산업의 발전속도를 참작하여 민영화와 경쟁도입의 가능성을 부단히 점검할 필요가 있다.

민영화 시 인수경쟁의 규제기준으로서 업종전문화 발상에 따른 규제는 바람직하지 않다. 민영화를 정부와 민간 사이의 M&A로 이해하고, "일정한 거래분야의 경쟁을 실질적으로 제한"함으로써 기업 결합을 규제하는 공정거래법 제7조의 정신을 공기업 인수게임의 규칙으로 적용하는 것이 타당하다. 예컨대 에너지분야에서 시장지배력(일정한 거래분야의 범위는 경쟁정책 당국이 유권해석)을 가진 기업(혹은 기업집단)이 가스공사를 인수하든지, 중공업분야에서 시장지배력을 가진 기업(혹은 기업집단)이 한국중공업을 인수할 경우 수평적·수직적 경쟁제한성의 정도를 인수규제기준으로 사용하면 된다.

아직 주식시장의 시장기능에 대한 신뢰가 부족하고 여러 이유로 정부의 다양한 증시개입이 이루어지고 있음을 감안할 때 증시상황을 이유로 민영화가 지연되는 현실은 어느 정도 이해될 수 있다. 그러나 다수 우량 공기업의 경우 양질의 주식공급이 증시의 저변 확대에 기여할 가능성이 크기 때문에 정부는 다양한 투자가(중산층, 종업원, 기관투자가, 외국인투자가)를 발굴하고 할인, 보너스주식 등 장기보유에 대한 인센티브를 제공함으로써 증시제약을 어느 정도 극복할 수 있을 것이다. 상당수 공기업이 비상장기업임을 감안할 때 '상장 후 민영화'가 반드시 필요한지를 재검토할 필요가 있으며, 무엇보다도 주식시장이 민영화의 제약요인이라면, 전체 민영화 계획 중 경쟁력 제고의 시급성을 기준으로 매각의 우선순위를 책정할 필요가 있다.

현행 민영화 계획은 민영화 추진체계의 결함으로 인하여 지연되고 있는 측면이 있다. 법과 제도에 의하여 추진되지 않고 행정부의 정책의지에 따라 추진되고 있는 민영화가 계획대로 실행되려면, 민영화추진위원회와 재정경제원의 역할과 의지가 중요하다. 규제완화의 경험에서도 보듯이 각 주무부처의 반민영화 성향을 극복하지 못하는 한, 민영화는 요원한 것이 사실이다. 통상 주무부처는 민영화(특히 지배주주 방식의 민영화)를 반대하는 공기업의 입장에 동조적이거나, 주무부처 스스로의 기득권 상실 때문에 민영화에 소극적이다. 따라서 민영화의 성패를 좌우하는 세부추진계획을 주무부처에 위임한 조치는 한계를 가진다. 포항제철, 한국전력, 한국통신 등의 민영화와 경쟁도입 가능성을 타진하기 위하여 실시되었던 특별경영진단 또한 해당 공기업의 주무부처가 주관함으로써 지연된 측면이 크다. 공기업 민영화의 국민경제적 중요성으로 볼 때 민영화는 차기 혹은 차차기 행정부에 의하여 다시 정책화될 가능성이 크고, 그렇게 될 경우 민영화는 'stop-go' 식의 정책으로 '계획 → 일부수행 → 지연 → 재계획'의 순환을 밟게 될 것이다.

공기업을 어떠한 방식으로 민영화하느냐는 한국 자본주의가 향후 어떠한 모습을 갖게 되느냐에 영향을 주는 중요한 선택이다. 현재 우리 경제의 민간부문이 재벌구조라는 분명한 특성을 갖고 있음을 감안할 때, 단순히 경제력집중의 차원을 떠나서 공기업 민영화가 대기업 혹은 대기업집단의 새로운 전형을 창출하는 역사적 기회가 되고 그것이 한국 자본주의의 건전한 발전을 위하여 바람직하다면 그 기회를 적극 활용할 필요가 있다. 재벌정책의 관점에서도 현재의 재벌을 규제하기보다는 민영화를 통하여 성공적인 대기업상을 제시하여 재벌에 대한 대응세력 혹은 경쟁세력을 형성할 필요가 있다(포항 제철, 한국전력, 한국통신 등이 가능).

SOC 민자유치는 1994년 제정된 민자유치촉진법에 따라서 1995년에 시작했던 만큼 아직도 그 실적을 평가하기에는 이르다. 그러나 SOC 민자유치가 공기업 민영화와 그 본질이 동일하다는 점에서 몇 가지 우려되는 점이 있다. 대규모 SOC 사업을 재벌에게 맡기면서 수익성을 보장하기 위한 각종 장치와 함께 기존의 재벌규제나 조세 제도의 특례를 인정한 조치는 경제력집중 차원에서 비판될 소지가 크다. SOC 사업의 핵심은 투자의 회임기간과 위험도를 감안하여 적정수익률을 보상하는 장치를 마련하는 것이다. 만약 적정수익률을 보장하고도 여타 규제로부터 예외를 인정한다면, SOC 사업이 완성된 후 민간기업이 사업권을 행사하는 장래의 시점에 경제력집중이나 특혜의 시비가 제기될 수 있는 것이다.

6. 정부-재벌관계의 새로운 변화

Ⅱ장에서 우리는 재벌과 경제력집중의 문제점 중에서 정부 재벌 관계의 본질에서 발견되는 정부의 보험자 역할과 이를 악용하는 재벌의 도덕적 이완이 심각한 문제이며, 이를 치유하려면 정부와 재벌이 모두 거듭나야 함을 강조하였다. 현 정부에 들어 정부 재벌 관계에는 과연 어떠한 새로운 변화가 있는가?

재벌정책과 산업정책의 방향성이 불확실했던 와중에서도 최근의 정부-재벌관계에서는 몇 가지 특징적 현상이 발견된다. 첫째, 정경유착 단절의지를 대통령 자신이 수차 표명하였는데, 이는 정부와 재벌의 관계를 재정립하는 중요한 계기가 될 것으로 평가된다. 그러나 정경유착관계가 정리된다고 해서 정부-재벌관계가 완전히 새로운 모습을 나타내는 것도 아니다. 과거 정권에 비하여 도덕적으로 우월하다는 배경하에 민간에 대하여 새로운 형태의 지배력을 재량적으로 행사하려는 경향도 있다. 자율화를 요구하는 목소리가 커지자 이에 대하여 정부 일각에서 반발을 보이는 것도, 정부가 법치주의를 지향하기보다는 재량주의에 의존하려는 성향을 아직도 가지고 있기 때문이다.

둘째, 경제정책의 결정이 정치적 고려에 의하여 결정되는 경향이 두드러지고 있다. 특히 매년 선거가 실시됨에 따라 경제가 정치에 종속되는 현상이 심화되고 있다. 1994년,

1995년의 연속적인 호황 덕분에 경제정책이 정치논리에 좌우됨에도 불구하고, 마치 이러한 상황이 국민경제에 별다른 비용을 초래하지 않는 듯한 착각을 초래하지만, 정치가 경제를 지배함에 따른 비용은 매우 클 것으로 우려된다. 규제완화, 민영화 등이 정책목표와 의지를 가지고 추진되기 보다는 도입 초기의 홍보효과만 거두고 사후 이러한 정책을 지속적으로 추진할 정치적 인센티브가 사라지는 순간, 유명무실화되는 경향이 있다.

셋째, 과거보다 정부가 기업에게 줄 수 있는 당근이 줄어든 상태에서도 어떠한 형태로든지 기업을 다스리는 채찍을 가지려는 동기가 강하게 작용하는 듯하다. 과거에는 채찍으로서 중요성이 낮았던 부당 대부거래, 부당 하도급거래, 대여금 및 가지급금 등이 중요한 재벌정책으로 인식되고 있으나, 이 경우 규제의 정당성도 취약하며 정책당국이 그릇된 인식을 갖는 경우가 많다.

종합적으로 볼 때 개발연대의 유산인 정부의 재량주의와 권위주의는 아직도 완전히 사라지지 않고 있다. 경제정책을 수행함에 있어서, 우리나라 자본주의와 시장경제체제를 한 단계 높게 발전시키기 위하여 산업정책, 기업정책, 경쟁정책 등을 개혁하고 정부와 재벌의 분업관계를 재조정하기 위한 진지한 고민은 결여되어 있다고 평가된 최근 정부의 방침에 대응하여 재벌들은 각종 정책에 호응하는 태도를 보였으나, 이러한 재벌의 노력은 스스로의 필요에 의한 것이었거나,

아니면 실질적인 변화가 없는 제스처에 불과한 경우가 많다. 예컨대 일부 계열사를 독립시킨 조치는 총수가족 내부의 사정에 따른 것이고, 계열사 통폐합 등은 장기전략하에서 어차피 필요한 조치를 앞당긴 것에 불과하다고 평가된다. 소그룹제, 전문경영인의 회장 취임, 총수가족의 경영일선 퇴장 등은 지배·경영 구조의 근본적인 변화라고 보기 어렵고, 어차피 우리나라 재벌대기업의 '오너' 경영의 결함을 전문경영인들이 보충하는 방향으로 발전하는 것은 이미 진행 중인 대세라고 평가될 뿐이다.

중요한 점은, 정부가 아무리 노력하더라도 민간의 성숙과 능력신장에 따라 정부와 재벌의 역학관계가 민간주도로 이행하는 대세는 불가피하며, 정부와 정치권력이 이러한 대세에 역행할수록 국민경제가 지불하는 비용은 커질 것이라는 것이다.

한편 최근 정부와 정치권력의 중소기업에 대한 시각 또한 경제논리보다는 정치논리가 지배하고 있다. 단순히 산업의 건전한 발전, 국민경제의 균형발전, 경제적 약자에 대한 사회적 고려 차원에서 중소기업 문제를 바라보기보다는 수적 비중이 막중한 중소기업, 특히 우리나라에서 그 비중이 매우 높은 자영업자들의 정치적 압력이 이들에 대한 정책을 지배하는 현상이 전개되고 있다.

산업간, 대·소기업간, 지역간 양극화 현상은 최근에만 특별히 존재하는 현상이 결코 아님에도 불구하고 양극화는 최근 정치권과 정책담당자에게 가장 중요한 문제로 부각되고 있다. 우리나라의 부도율은 지나치게 낮았기 때문에 오히려 경제의 원활한 신진대사를 방해하고 있었던 측면이 크다. 최근 증가한 중소기업, 자영업자의 부도는 구조조정의 뚜렷한 증거이므로 이에 대한 올바른 대책은 1. 구조조정의 대세는 그대로 진행될 수 있도록 이를 방해하는 정책은 삼가하되, 전업·협업 등에 있어서 기업가정신을 발휘하는 우수한 중 소기업과 자영업자에 대한 선별적·미시적인 지원시책이 바람직하고, 2. 부도가 곧 인간적·사회적 파탄으로 귀결되지 않도록 조기에 퇴출을 유도하는 부채정리 기준을 개발하며, 3. 완전히 도태되는 자영업자 등에 대하여 사회보장 장치를 확대하는 선에서 그쳐야 할 것이다. 무엇보다도 정부는 부도가 늘지만 신설업체도 많다는 점에 주목할 필요가 있다.

대기업이 자금력을 바탕으로 기존의 중소기업과 경쟁하면서 해당 시장에서 경쟁 자체를 배제하고 독점화를 시도하는 경우에는 공정거래법의 적용이 가능하고, 근본적으로는 그동안의 생산자보호 위주의 개방정책이 재정비되어 소비자 위주의 개방이 전개되면 대기업은 자신의 영역 지키기에 힘을 쏟을 수밖에 없게 될 것이다.

대기업은 어떤 식으로든 규제대상이고 중소기업은 보호대상이라는 잘못된 논리가 최근 오히려 강화되는 듯하다. 대기업에 대하여 현금결재, 어음처리기간 단축, 계열화, 기타의 지원 등 중소기업 보호장치를 의무화하는 것은 어차피 수직적 협력을 유지해야 하고 협력업체의 경쟁력에 의존하는 대기업에게는 큰 의미가 없고, 오히려 대기업이 협력업체를 대상으로 적절한 'exit(채찍)/voice(당근)' 전략을 구사하는 데 방해가 될 뿐이다.

이러한 모든 변화는 결국 정부-재벌관계가 정상적인 모습을 찾아가기 위한 과정에서 겪는 진통이라고 이해된다. 1995년 가을 이후의 비자금 정국은 아마도 그러한 진통이 이제 수면 위로 떠올랐다는 신호일 것이다. 비자금 사태가 발생하기 이전에 정부-재벌관계의 변화를 상징하는 것은 1995년 2월 전경련 회장의 정부비판과 1995년 3월 삼성그룹 회장의 북경발언이었다. 정부시책에 대한 재벌총수들의 공개적인 비판은 노태우 행정부 때부터 간헐적으로 표면화되다가 최근에 와서 그 횟수가 잦아지고 있으며, 그만큼 정부-재벌관계가 과거의 균형을 벗어나 불안정한 상태에 있음을 의미한다. 아직도 결말이 나지 않은 비자금 사태의 사법처리 결과에 따라 정부와 재벌 사이의 새로운 관계를 가늠할 수 있는 실마리가 발견될 것이다.

自淨湯

-《매일경제신문》, '매경만평' 1995년 12월 2일

정부-재벌관계가 새로운 균형을 향하여 불안정한 상태에 처한 가운데서도 정부의 보험자 역할이 종료되지 않았음을 보여 준 사례는 1995년 10월 정부가 발표한 '기업의 해외 직접투자 건실화방안'이었다. 이 시책에 따르면, 1억 달러를 초과하는 해외투자에 대해서는 최소 자기자금조달 의무비율이 20%로 설정되고 현지법인에 대한 국내 지급보증한도도 총투자액의 50%만 인정하는 등 규제가 도입되었다. 〈인용문 16〉은 이러한 해외투자 규제에 대하여 기업의 시각을 소개하고 정부의 규제가 관치주의적 발상이라고 비판한 글이다.

겉으로 보기에 이러한 규제는 정부 스스로가 강조한 규제완화와 세계화에 역행하는 듯하다. 그러나 이 사례가 주는 시사점은 다름아니라 아직도 정부-재벌관계의 본질, 즉 정부의 보험자 역할과 재벌의 도덕적 이완에 큰 변화가 없다는 사실일 것이다.

〈인용문 16〉

관치경제 '최후의 음모(?)'

정부가 9일 발표한 '기업 해외직접투자 건실화방안'을 두고 한국적 관치경제주의의 '일상적 실성(失性)'이라고 말하는 사람이 있다. 그러나 정부는 다음과 같이 말(횡설수설)한다.

"건넛마을에서는 이자가 비록 싸고 돈을 꿔주겠다는 사람이 많아도 그곳은 어디까지나 남의 동네다. 그 동네에서 얻은 빚만 갖고 장사를 해서는 안 된다. 장사란 비록 두곱쟁이 세곱쟁이 비싼 이자를 내더라도 얼마만큼은 자기 고장 돈을 갖고 가서 시작해야 되는 것이니라. 하긴 네 금고의 돈이라야 한다고 다른 사람에게는 말했지만 네 금고 속에 들어 있는 돈에 빌려 온 것과 번 것을 구별할 수 있는 표시가 없다는 것은 나도 잘 안다.

그곳 장사도 네 장사이긴 하지만 거기서 빌린 돈은 네가 그 전부를 보증 서서도 안 된다. 반만 서라. 나머지 반도 꼭

보증을 서야 꿔주겠다면 그때는 네 자신의 피를 짠다는 생각에서 보증만 설 것이 아니라 보증 선 금액의 적어도 1할, 보증금액이 많을 때는 자신의 피도 그만큼 더 짜겠다는 뜻에서 2할을 여기서 비싼 이자를 내고 가지고 가거라. 아들아, 모름지기 이 정도는 돼야 안전한 장사라고 할 수 있다. 건넛마을 네 가게가 안전하지 못하면 우리 동네 네 가게도 따라서 불안하게 되는 것 아니겠니. 그쟈 외채 망국(外債亡國)이란 말도 있지 않느냐.

(한편 마을 사람들에게는) 우리 아들이 건넛마을에다 가게를 내면 우리 동네 가게 장사는 매상이 줄거나 문을 닫게 될 수도 있다. 그렇게 되면 우리 동네 사람 일자리가 위협받을 수도 있다. 동네 사람들아, 그렇지 아니하냐. 우리 아들은 이웃 마을로 자꾸 가려 하지만, 나는 어느 편이냐 하면, 거기에 반대한다."

한편 기업은 다음과 같이 말한다. "지금은 자본자유화 세상, 세계무역기구(WTO)가 상징하는 세상이다. 외채와 내채(內債)의 구분은 없어졌다. 기업의 채무는 기업(주주, 경영진, 근로자)만이 걱정할 일이다. 우리나라 정부는 정부가 해야 할 일반적 게임 규칙 심판은 등한히 한다. 기업을 괴롭히는 규제는 풀지 않으려고 한다. 정부가 직접 투자하고 운영해야 할 경제분야인 사회간접자본 부문의 능률을 보라. 핵 발전소에서 나오는 저준위 폐기물 폐기장 하나를 무려 5년이 더 걸렸어도 선정 못하고 있다. 한강 다리는 무너지고, 도로·통신·항만·철도·제도금융, 어느 것 하나도 사기업(私企業) 수준의 능률을 갖춘 데 있으면 나와 보라고 해라. 사기업 걱정은 사기업에 맡겨라.

외국 정부와의 협상은 어떤가. 붙기만 하면 총자루를 거꾸로 잡고 고지 밑으로 후퇴해 내려온다. 다만 부처간 이기(利己) 싸움은 박이 터져라고 끝까지 용감하게 한다. 다른 부처를 골탕먹이려고 상대국 대표에게 우리 쪽 전략마저 넘기는 일까지 생겼잖나. 이 사실이 폭로를 통해 알려지게 된 것은 또 어떻고, 정부는 정부 제 할 일이나 걱정해라. 경상수지 적자가 생기는 것은 우리 쪽 경쟁력이 전반적으로 뒤진다는 증거니까 염려하는 것이 당연하다. 그러나 우리나라 기업의 신용등급이 높고, 이자가 비싸 돈놀이 장사가 잘되고, 경제전망이 좋아 주가가 오르리라는 기대 밑에 외국 돈이 흘러들어와 생기는, 다시 말해 자발적(경상적자 때문에 매달려서 꾸어 오는 것이 아닌) 자본거래에 따라서 생기는 외채 증가는 걱정거리가 아니다. 참말이지 그 걱정은 오로지 돈 주인인 국제금융가들이 할 일이다. 게다가 해외투자를 위해 빌리는 외채는 걸핏하면 징징 짜는 소리를 하는 통화관리 부담마저 없지 않은가.

우리가 해외로 나가는 것은 결국 나라를 위해서다. 네 가지 싼 생산요소, 그리고 시장이 거기 있고 기술도 거기서 배울 수밖에 없으니까 가는 것이다. 네 가지 싼 생산요소라는 것은 싼 땅, 싼 이자, 싼 환경부담, 마지막으로 싸고도 적극적인 그 나라 정부 서비스다. 이렇게 해야 국내의 모든 기업이 산다. 그리고 나라의 경상적자도 흑자로 전환할 수 있다. 두고 봐라. 내년, 내후년 가면 중소기업 아닌 굴지의 재벌기업 가운데서도 쓰러지는 데가 나올 것이다. 우리 자신이 그 가운데 하나로 끼지 않으려고 나가는 것이다."

기업의 말은 비장하다. 그런데 언론계 경제평론가 가운데 한 사람은 다음과 같이 말한다.

"이건 일상적 실성이 아니라 정부 '최후의 음모(陰謀)'예요. 세계화 바람에 기업이 너무 커지면 그걸 정부가 어떻게 다루어요. 더 자라지 못하게 코르셋을 꽉 끼워 두어야겠다고 생각한 거죠. 이게 한국적 관치주의의 최후 모습이기도 하구요."

-《중앙일보》, '경제포럼', 1995년 10월 12일

최근의 불안정한 정부-재벌관계가 어떤 모습으로 발전할 것인지를 가늠하기란 어렵지만, 최소한 다음과 같은 시사점은 구할 수 있다. 시간이 지날수록 정부는 재벌정책에 있어서 재량보다는 규칙의 확립이 중요하다는 점을 인식하게 될 것이며, 재벌의 도덕적 이완을 방지하기 위해서는 정부가 결국 보험자 역할의 종료를 선언하는 방법밖에 없다는 점을 인식하고, 그 방법이 무엇인지를 모색하게 될 것이다. 또한 비자금 사태 등에서 보듯이 정부-재벌관계에 영향을 미치는 것

은 이제 더이상 행정부만이 아니며 사법부의 판단도 중요하다는 점을 깨닫고, 재벌의 총수나 전문경영인이 과거의 치외법권을 벗어나 법의 대상이 되어야 한다는 인식도 갖게 될 것이다. 그러나 무엇보다도 중요한 점은 재벌정책에 있어서 단순히 소유분산 시책이나 재무구조 개선시책보다 지배구조의 선진화를 모색하는 시책이 중요하다는 인식이 싹트기 시작했다는 사실이다.

IV. 향후 재벌정책의 과제

1. 최근 지배구조 논의의 중요성

(1) 대기업 지배구조 논의의 세계적 추세

최근 수년간 우리나라의 대표적 재벌들이 보여 준 그룹구조의 재편 움직임 혹은 계열관계의 변화에 대하여, 그 자체만을 두고 의미를 찾는 것은 '우물 안 개구리' 식 발상이다. 지금 세계는 대기업의 소유·지배·경영 구조에 대하여 몇 가지 주목할 만한 논쟁에 휩싸여 있기 때문에, 우리는 우선 이와 같은 논의의 배경을 파악할 필요가 있다.

그 첫번째 논쟁은 영·미식의 기업 지배·통제구조와 일본식 혹은 독일식 기업 지배·통제구조 중 어느 것이 더욱 효율적인가라는 의문을 중심으로 전개되고 있다. 과거 일본과 독일의 기업경쟁력이 압도적인 우위를 나타내던 시절에는, 주식의 장기적·안정적 보유와 기관투자가 및 이해당사자들의 효과적 경영통제로 특징지을 수 있는 일·독식 지배·통제구조가 우월한 것으로 평가되었다. 그러나 최근 미국 기업의 경쟁력이 회복되면서 전문경영인에 의한 경영자자본주의, 경영권을 규율하는 자본시장의 인수위협 등으로 대변되는 영·미식 지배·통제구조의 효율성이 새롭게 부각되고 있다.

둘째, 세계적으로 이러한 논의가 진행되는 가운데 우리의 최대 경쟁자인 이웃 일본에서는 지난 수년간 지주회사 부활론이 제기되고 있다(《인용문 17〉 참조). 특히 통신, 전자, 자동차 등 몇몇 주요 산업의 발전이 국가경제의 명암을 좌우하는 상황하에서 자원의 집중력과 모험적인 선제투자를 감행할 수 있는 경영구조를 확립하기에는 일본 기업집단 내 계열사 간의 수평적 관계가 오히려 장애가 된다는 반성이 제기된 점은 주목할 만한 변화이다.

〈인용문 17〉

독금법 완화 '덩치 키우기'

일본 공정거래위원회가 특수회사 설립을 허용키로 방침을 정함에 따라 일본 기업구조는 물론 산업계에 큰 변화가 예상되고 있다. 비록 제한적이기는 하나 그동안 금지돼 왔던 제조업체 그리고 은행들이 지주회사를 설립할 수 있는 길이 열렸기 때문이다.

공정거래위가 마련한 지주회사 해금(解禁) 방안을 살펴보면 현행 독점금지 법에서는 금지돼 있는 자회사를 총괄하는 지주회사 설립이 가능하게 된다. 이에 따라 제조업체는 제조, 판매, 애프터서비스 등 각 사업부문을 자회사로 분리하고 이를 총괄하는 지주회사를 설립할 수 있게 된다.

공정거래위는 거대기업이 분사화(分社化)할 경우 사업부문을 내부조직으로 보유하고 있는 것과 자회사로 보유하는 것에는 별다른 차이가 없다고 판단했기 때문이다.

또 지주회사 설립은 금지돼 있고 업종별로만 자회사 방식으로 다른 분야에 참여할 수 있도록 되어 있는 은행들도 금융지주회사를 설립, 비록 자회사 형태이지만 은행·증권회사를 보유하는 종합금융그룹으로 탈바꿈할 수 있는 길이 열릴 것으로 보인다. 특히 주목을 끄는 것은 중소기업에 대해서도 지주회사 설립을 허용하겠다는 대목이다. 현행 독점금지법은 기업에 대해 규모에 상관없이 지주회사 설립을 금지하고 있으나 공정거래위는 이 조항을 바꿔 중소기업에 지주회사 설립 허용과 함께 다른 기업을 매수하는 것도 인정하기로 했기 때문이다. 이와 함께 현행법은 타사 지분참여율을 원칙적으로 50% 이하로 제한하고 있으나 벤처 캐피털이 벤처기업에 적극적으로 출자할 경우 총자산의 50% 이상 지분참여도 허용키로 함에 따라 대기업들이 벤처기업의 경영권을 확보할 수 있는 길도 열리게 됐다.

공정거래위는 그러나 지주회사의 해금이 초래할 폐해를 방지하기 위해 자회사까지 포함하여 자본금과 자산이 일정 규모를 넘는 대형 지주회사에 대해서는 다른 회사의 매수를 허용하지 않을 방침이다. 또 중소기업이 설립한 지주회사가 다른 기업을 매수한 결과 자회사를 포함해 자본금과 자산이

적으로 작용한 결과인 것이다. 분화된 위성재벌이 모 재벌과 마찬가지로 소유·지배권이 집중되고 '오너' 경영과 그룹 집중식 경영은 지속되며 업종다각화에 적극적인 사실, 경쟁력 없는 한계계열사가 정리되지 못하고 계속 존속되는 사실 등은 결국 본질적인 변화가 없다는 점을 증명하는 것이다.

그러나 정작 중요한 점은 변화가 있고 없음이 아니라 어떤 형태의 지배·경영 구조가 앞으로 효율과 경쟁력을 보장할 것인가인데, 사실 이러한 선택은 세계적 대기업들이 끊임없이 당면해 왔던 문제이기도 하다. 이는 현재와 같이 정부가 소유분산, 업종전문화, 전문·독립경영을 강조하고 관련시책을 편다고 해결될 사안이 결코 아니며, 자칫 정부의 간섭은 오히려 기업을 죽이는 결과만 초래할 위험이 크다. 우리나라의 재벌대기업들이 계열구조의 재편이나 지배·경영 구조의 변화를 모색하는 계기는 스스로 그러한 변신이 필요한 때에 나타날 것인데, 기업이 치열한 경쟁압력에 직면할 때 변신의 필요성은 가장 극명하게 나타난다.

향후 경쟁이 더욱 치열하게 전개되는 상황으로 산업환경이 바뀐다면 재벌그룹들은 스스로의 생존을 위하여 최적의 지배·경영 구조를 모색하고 계열관계의 재정비를 단행할 수밖에 없을 것이다. 따라서 최근 일부 재벌그룹들이 보여 준 경영혁신이란 정부의 강권에 따른 쇼였던 측면이 강하지만, 앞으로 경쟁환경이 변화하면 누가 시키지 않더라도 스스로 사업구조, 계열관계, 경영구조를 혁신하게 되는 본격적인 라운

드가 반드시 올 것이라고 봐야 한다. 정부가 할 일이 있다면 이러한 경쟁여건의 타이밍을 조절하고 재벌의 분명한 폐해를 시정하는 것이다. 기업의 고유한 선택에 일일이 훈수를 두려는 태도는 시간이 갈수록 그 위험도 커진다.

(3) 지배구조 논의의 중요성

재벌이 효율적 지배구조를 스스로 모색하게끔 만드는 환경의 조성도 중요하지만, 그렇다고 해서 대기업의 지배·통제 구조에 대하여 정부가 담당할 역할이 없는 것은 아니다. 지배·통제 구조에 대하여 만약 정부가 섣불리 하나의 모형을 제시하고 모든 재벌의 지배·통제 구조에 이 모형을 강제한다면 이는 위험한 발상일 것이다. 정부가 할 일이 있다면 지배·통제 구조에 있어서 기업이 선택할 수 있는 다양한 수단이 발전하도록 제도적 장치를 도입하는 것이다. 이러한 수단 중에는 정보공시제도의 강화, 이사회 정상화, 소수주주권의 강화, 감사제도의 강화와 회계사 개혁, 회장실·비서실·기조실 등의 법적 지위 정립, 은행 등 금융기관의 역할 제고 등의 내부 통제장치를 발전시키는 방법과 M&A 시장(혹은 기업지배권 시장)과 같은 외부 통제장치를 발전시키는 방법이 있다. 중요한 점은 현재 우리나라 재벌대기업의 특성으로 볼 때 이중 어느 한 가지가 다른 방법에 비하여 특별히 우월하다고 말하기 힘들다는 사실이다.

1995년 세계화추진위원회가 지배구조의 개선을 위한 제도

개선을 검토중인 것으로 보도되면서, 재계는 사외 이사제의 도입 등에 대하여 강력히 반발하였고 M&A 시장과 같은 외부 통제장치의 활성화를 주장하였다. 그러나 우리나라 대기업에게 적합한 지배·통제 구조를 모색할 때 어느 한 가지 수단만을 강조하는 것 자체가 위험한 발상이라는 점에서 정부는 지배·통제 구조의 선진화가 광범위한 요인의 복합적 산물이라는 점을 이해할 필요가 있다.

사실 '오너' 경영과 경영권의 세습이 앞으로도 상당기간 동안 계속될 수밖에 없을 정도로 소유권이 집중되어 있고, 소유분산에는 오랜 시간이 소요될 것이므로, 정부가 지배·통제 구조에 관심을 갖는 이유는 경영권 창출 메커니즘 자체를 바꾸기 위한 것이라기보다는 재벌의 건전한 경영을 유도하고 소액투자자 등 외부 주주와 이해관계자를 보호할 필요가 있기 때문이다.

〈인용문 18〉과 〈인용문 19〉는 현재의 재벌기업 지배구조의 문제점만을 부각시킨 것이나 지배구조의 선진화가 왜 중요한지를 잘 나타내고 있다.

〈인용문 18〉

입으론 세계화 뒤론 봉건지배

우리나라 재벌의 지배구조는 봉건왕조와 다름없다. 총수의 권능은 상상을 초월한다. 10대 그룹에 속하는 어느 재벌의 기조실장은 "총수 앞에서 '노'라고 할 수 있는 전문경영인은 아마 없을 것"이라고 말한다. 총수가 자비롭고, 현명한 왕일 수도 있겠지만, 지배구조 자체는 어느 재벌 할 것 없이 전제군주제와 같이 절대적·단선적이다. 권력의 과도한 집중과 미분화, 제도가 아닌 인적 지배라는 전근대적인 유물이 세계화·국제화·첨단화를 부르짖는 재벌의 중심에 온존하고 있는 것이다.

소유주 독점경영체제의 폐해는 이번 사건(비자금 사태)에서 여실히 증명됐다. 주주총회와 이사회는 껍데기에 불과하고 소유주가 필요하면 회삿돈을 얼마든지 빼돌린다. 돈이 새나가는 것을 주주들이 감시하고, 이사회가 제동을 걸고, 면밀한 감사가 이뤄진다면 상상도 할 수 없는 일이다. 현 정부 들어 대통령이 돈을 받지 않겠다고 공언했지만, 오너십이 그대로 존재하는 한 비자금의 생성 소지는 고스란히 온존하는 것이다.

과거 고도성장 국면에서는 강력한 오너십이 주효했을 수도 있다. 그러나 지금은 전처럼 양적 확대가 이뤄지지 않는 시기이고, 따라서 각 단위의 적응력과 순발력이 요구된다.

오너가 전지전능한 신이 아닌 이상 오너 중심의 단선적 의사결정구조는 고인 물처럼 한계를 갖게 마련이다. 재벌기업의 어느 임원은 "기업에 있다 보면 최고권력자인 대통령의 임기를 제한하고 3권분립을 하는 이유를 수긍하게 된다"고 말한다.

지금의 그룹회장체제가 국가경제는 물론 기업 내부경영의 효율성을 저해하는 걸림돌로 작용하는 것이 아닌가 심각히 따져 볼 때이다. 일각에서는 오너의 강력한 견인력이 필요하며, 효과적이라는 주장을 펴고 있다. 그러나 복잡다기화된 오늘날의 세상에서 그것은 요행에 가까운 얘기이며, 폐해를 보면 설득력이 약하다. 그룹체제는 내부거래 등 불공정거래 및 경쟁을 조장해 전반적인 경쟁력을 떨어뜨리고 전문기업이 설 자리를 없앤다. 막강한 총수가 뒤를 봐주기 때문에 심복들은 불법·편법을 마다하지 않으며, 총수를 위해 '몸으로 때운' 인사들이 승승장구하기도 한다.

더욱 중요한 것은 그룹 회장과 회장 비서실 자체가 편법이라는 것이다. 그룹 회장들은 상법상 계열사 이사 정도의 직함만 갖고 있어 일이 생겨도 법적 책임을 면한다. 그룹 회장은 그러나 지분과 법에도 없는 관행으로 인사, 재무 등에 전권을 행사한다. 많게는 1백 명이 넘는 비서실(기조실)은 막대한 운영 경비를 계열사에 할당시켜 조달하고 있다. 편법은 편법을 낳는다.

총수 사법처리, 소유경영체제 개편 움직임에 대해 전경

련을 비롯한 소유주 쪽에서는 경제가 거덜 날 것처럼 말하고 있다. 그러나 극단적으로 총수가 당장 유고가 생겨도 대기업이 망하지는 않는다. 우리 재벌기업들은 그만한 맷집은 갖췄다. 오너십이 '오너를 위한 것인지 기업을 위한 것인지'를 따져 볼 시점이 됐다. 경쟁력 강화는 오너 중심의 선단식 경영의 고리를 끊거나 과감히 제한하는 데서 시작돼야 한다는 지적이 많다.

-《한겨레신문》, '전환기에 선 재벌-1', 1995년 12월 2일

〈인용문 19〉

경영 견제장치가 없다.

“재벌총수의 권력은 대통령보다 강합니다. 대통령은 국정과 관련해 의사결정을 할 때 국회나 국민여론의 동향을 살피고, 반대가 심하면 생각을 바꾸기도 합니다. 그러나 재벌그룹 안에서 총수의 결정은 절대적입니다.” 한 그룹에서 퇴임한 임원의 말은 재벌의 지배구조를 단적으로 설명해 준다. 특히 기업의 지배구조만큼 법과 현실이 동떨어진 곳이 없다.

상법이 인정하는 기업의 지배기구는 주주총회와 주총이 구성하는 이사회, 이사회의 선임으로 회사를 대표하는 대표이사, 이사들의 집무를 감시하는 감사 등이다. 국가기관에 비추어 볼 때 주총이 의회라면 이사회는 내각, 대표이사는 내각 수반, 감사는 사법부에 해당된다. 법조문의 어느 구석을 봐도 총수의 권한을 적어 둔 곳은 없다. 그렇지만 어느 누구도 총수가 기업을 움직인다는 데 대해 이의를 달지 않는다. 주총은 잘 짜여진 각본에 의해 움직이고, 이 사회와 대표이사는 총수의 결정을 금과옥조처럼 떠받든다. 주총이 열리기 2~3개월 전에 이미 이사회는 구성되고, 주총은 이를 합법화하는 기능을 할 뿐이다. 총수가 잘못된 투자결정을 내리고 기업자금을 비자금으로 빼내어 써도 이들 기구가 반기를 드는 일은 생각조차 할 수 없는 게 현실이다. 총수가 '초 법적인 존재'로서 상법 체계를 무력화시키고 있는 것이다.

간혹 재벌총수가 기업의 대표이사직을 맡는 경우도 있다. 김우중 대우그룹 회장은 대우중공업, 박성용 금호그룹 회장은(주)금호와 아시아나항공의 대표이사를 맡고 있다. 그러나 그룹 회장이 어느 계열회사의 대표이사인가 아닌가는 아무런 문제가 되질 않는다. 총수들은 최근 들어 오히려 기업의 대표이사직을 떠나려는 움직임을 보이고 있다. 대표이사를 맡고 있으면 책임이 따르기 때문에 괜히 부담스럽기만 하다는 것이다.

상법은 기업의 이사가 불법행위로 제3자에게 피해를 주었을 때 배임죄를 적용해 처벌할 수 있도록 규정하고 있기 때문이다. 성수대교 붕괴사고 때 최원석 동아그룹 회장의 책임 문제가 집중 조명된 것도 최회장이 동아건설의 대표이사직을 맡고 있었기 때문에 가능했다. 반면 삼풍사고 때 이준 회장은 명예회장으로서 법적으로는 아무런 권한과 책임이 없기 때문에 검찰이 이준 회장을 사법처리하는 데 어려움을 겪었다.

지난 7월 세계화추진위원회가 기업의 지배구조에 대해 문제를 제기하고 외부이사제를 도입하는 등의 방안을 내놓았을 때 재벌그룹의 많은 전문경영인은 드러내 놓고 말하지는 않았지만 환영했다고 한다. 총수의 독단경영에 대한 불만들이 쌓여 있다는 얘기다.

기업 내에서의 견제가 불가능하더라도, 자본주의 역사가 오래된 나라에는 최고경영자를 외부에서 견제하는 장치가 있다. 독일에서는 상당 규모의 지분을 보유한 기관투자가가 기업경영진에 대한 견제기능을 한다. 기업인수시장이 잘 발달한 미국에서는 인수·합병(M&A)이라는 '기업사냥'이 견제 역할을 한다. 경영이 잘못되면 기관투자가가 최고경영자의 책임을 묻거나, 기업 자체가 기업사냥꾼의 먹잇감이 되는 것이다. 그러나 우리나라에는 이런 기능도 기대할 수 없다. 기관투자가의 의결권 행사는 극히 제한돼 있고 기업사냥은 사실상 제도적으로 막혀 있다. 세추위 보고서가 언급했듯이 1인 대주주 지배가 과감한 투자, 자원의 집중, 신속한 의사결정 등의 강점을 갖고 있는 것도 사실이다.

그렇지만 '제동장치 없는 벤츠'처럼 운전을 잘할 때는 사고 없이 목적지에 빨리 갈 수 있지만 언제 대형사고를 낼지 모른다는 점에서 승용차에 타고 있는 소액투자자와 국민경제는 늘 불안한 것이다.

-《한겨레신문》, '전환기에 선 재벌-3', 1995년 12월 5일

2. 재벌문제의 본질 변화와 재벌정책의 과제

(1) 21세기 초의 산업조직

선진국 진입을 가능하게 하는 우리 경제의 지속성장이 몇몇 경쟁력 있는 산업군을 중심으로 이루어지려면 이러한 산업구조 조정을 선도할 주체가 바로 오늘의 대기업임을 부인할 수는 없을 것이다. 따라서 21세기 초 우리나라 산업구조의 발전과 양립할 수 있는 산업조직의 발전은 결국 '대기업집단이 중핵(中核, core)을 형성하고 중소기업이 튼튼한 주변(周邊, fringe)을 형성'하는 방향으로 나아갈 수밖에 없을 것이다.

'중핵과 주변'의 산업조직이 발전한다는 것은 결국 우리나라의 산업조직이 나름대로의 역사성을 바탕으로 효율적인 산업조직으로 내생화되어 가는 것을 의미한다. 이러한 변화는 이윤동기를 가진 기업 자신의 자구노력 때문에 이루어지기도 하지만, 대내외 여건의 변화 때문에 기업이 생존하기 위해서는 불가피하게 선택할 수밖에 없는 진로이기도 하다. 과거 보호된 시장과 대기업 위주의 성장전략이 복합적으로 작용하여 재벌에 의한 생산집중, 과도한 업종다각화, 소유·지배·경영권의 집중 등이 심화되어 왔으며 이러한 현상의 복합 개념으로서 소위 경제력집중이 비판의 대상이 되어 왔으나, 향후 21세기 초를 전후한 시기에는 재벌문제에 있어서도 근본적인 변화가 예상된다.

기업집단은 고정된 것이 아니라 동태적으로 끊임없이 변화하는 것으로서 공동 의사결정체로서의 기업집단을 전제하는 경제력집중의 제개념 역시 여건변화에 따라 상당히 가변적인 것이다. 과거의 산업환경이 기업의 최적 반응에 따라 경제력집중을 심화시키는 방향으로 작용하였다면, 금후의 환경변화는 경제력집중의 수준에 대해서는 불확실한 전망을 나타내지만, 최소한 그 폐해를 줄이는 방향으로 작용할 가능성이 크다. 이러한 변화를 가져올 요인은 매우 다양할 것이나 기업집단 내부의 변화, 국제화·개방화·기술경쟁의 심화와 같은 경영여건의 변화 및 이에 따른 경쟁전략의 변화, 정치경제적 여건의 변화 등이 특히 중요하게 작용할 것이다.

그중에서도 국제화와 개방화는 산업조직 변화의 근인이 될 것이다. 경쟁이 심화되면 다각화 구조와 소유·지배·경영 구조를 포함하여 전반적인 기업집단 구조의 효율화를 이루지 못하는 재벌은 도태될 수밖에 없을 것이다. 비효율적인 사업과 조직을 그룹 내에 계속 존속시킨다든지, 소유권을 바탕으로 비효율적인 지배·경영 구조를 계속 유지하는 기업집단은 대내외 경쟁에서 결코 우위를 점할 수 없을 것이며, 유망산업의 경우라고 하더라도 경쟁력 강화를 위하여 부단히 노력하여야만 생존할 수 있을 것이다. 과거 방식의 확장전략은 이미 1989년 이후 지속된 경쟁력 위기를 통하여 그 의미를 상실한 것으로 판명되었다. 그룹구조의 효율적 재편과정을 거치면서 각 그룹에서 주도적 역할을 담당할 기업들(그야말로 주력기업)이 그룹 내에서 차지하는 비중은 21세기에 접어들면 대폭 확대될 것인데 이것이 바로 진정한 전문화와 집중화인 것이다.

이러한 논의는 주로 산업조직의 '중핵'에 대한 평균적인 전망으로서 기업집단의 효율적 재편이 불가피한 것임을 주장한 것에 불과하다. 그러나 더욱 중요한 점은 '중핵의 내부'에서 전개될 미시적인 변화일 것이다. 즉, 대내외 여건의 변화에 따른 기업집단의 효율적 재편을 모든 재벌이 성공적으로 수행한다면 중핵의 발전은 가장 바람직한 결실을 맺을 것이나 이는 한마디로 불가능하며, 현실적으로 각 기업(집단)은 상당한 경쟁력(핵심능력)의 격차를 나타낼 수밖에 없기 때문에 우등생과 열등생은 늘 존재하게 마련이다.

즉 앞으로의 여건변화는 각 재벌의 상대적 위상에 큰 변화를 초래할 것인데, '세계시장에서 경쟁력 있는 기업을 최소한 하나라도 갖느냐'의 여부가 그룹의 생존을 좌우할 것이다. 우리 경제의 비교역재 부문이 급속히 축소하면서 중핵의 내부 변혁은 불가피하다. 현재 우리 경제의 대표적인 기업들이 앞으로 세계적으로 경쟁력 있는 기업으로 성장할 가능성이 클 것이므로, 이들 기업을 보유한 재벌의 성장 속도는 더욱 빠를 것이며, 하위재벌들 간에도 여건변화에 따라 상대적 위상은 부침현상을 경험할 것이다.

산업의 평균적인 경쟁력 강화란 미시적인 기업 차원에서는 가장 효율적인 기업이 산업을 선도하고 비효율적인 기업은 결국 도태되는 과정을 반복하면서 이루어지는 것이다. 따라서 산업조직의 밑바탕에는 바로 진입과 퇴출이라는 동태적 경쟁이 자리잡고 있으며, '경쟁'과 '경쟁력'의 상호작용에서부터 산업조직의 모든 변화가 시작되는 것이다.

한편 '중핵과 주변'의 산업조직이 발전한다는 것은 대기업과 중소기업의 관계에 있어서도 근본적인 변화를 수반하는 것이다. 우리나라의 대기업과 중소기업의 관계가 수평적 경쟁에서 수직적 협력과 분업의 관계로 이행하고 있음은 이미 잘 알려진 사실이지만, 21세기에 이르면 이러한 관계는 각자가 스스로의 필요성에 따라 더욱 합리적인 방향으로 재편될 수밖에 없다. 이 경우 중요한 점은 주변(중소기업)의 발전이 중핵(대기업)의 발전과 동시에 이루어진다는 것이다. 이미 과거에도 실제로 우리 경제의 고성장기에는 산업 저변이 확대되고 중소기업의 신설과 생산이 활발하여 재벌의 상대적 비중은 정체 혹은 감소되었지만, 저성장기에는 중소기업의 부도가 증가하고 생산은 위축되어 재벌의 비중은 증가하였다. 따라서 '중핵과 주변'의 논리가 반드시 대기업과 재벌 위주 경제성장의 불가피성을 지지하는 것으로 인식되어서는 곤란하다.

(2) 재벌이슈의 본질은 어떻게 변할 것인가?

국제화, 개방화란 재벌의 다국적기업화를 의미하며 이는 현재에도 상당히 빠른 속도로 진행되고 있다. 소위 국경 없는 세계경제, 무한경쟁 등의 용어가 향후 우리 기업을 둘러싼 경쟁환경을 단적으로 표현하고 있다. 국제화, 개방화가 기본적인 대세임은 분명하지만 향후 10~20년을 내다봄에 있어서는 다소 주의가 필요하다. 예상하는 것보다는 우리 경제가 세계경제에 통합되어 가는 속도는 느릴 가능성이 있는데, 이는 국가경제를 상호 격리하는 제도적 장치나 체제적 마찰이 가까운 미래에도 여전히 작용할 것으로 예상되기 때문이다. 따라서 무한경쟁을 과장하는 것은 정책선택의 오류를 초래할 가능성이 있다.

그럼에도 불구하고 향후 대내외 경제환경의 변화는 다음과 같은 분명한 추세로 전개될 것이며, 이러한 모든 추세는 재벌이슈의 본질을 크게 변화시킬 것으로 보인다.

첫째, 폭과 속도의 문제는 남지만 내수시장의 개방과 해외시장에의 진출이 확대되면서 경쟁이 심화되는 현상은 필연적이다. 이렇게 되면 우리나라 재벌은 국내와 해외를 불문하고 세계적인 다국적기업과의 경쟁에 직면하게 되며, 세계적으로 과점적인 시장에서 그 경쟁은 더욱 치열할 것이다. 이러한 상황은 재벌로 하여금 기존의 경쟁전략을 수정하도록 할 것이며, 재벌은 세계시장에서 경쟁상대와 경쟁과 협력(전략적 제휴, 국제 카르텔 등)의 네트워크를 형성하면서 자연스럽게 스스로 다국적기업이 되어갈 것이다. 어쨌든 현재 세계 500대 기업 중 국내 기업이 8개 정도(Fortune, 1995년 8월 7일자 'Global 500' 참조. 이 자료는 개별기업과 그룹을 완전히 구분하지 않고 있음)에 불과한 현실에서 경쟁심화 추세는, 절대적 규모이든 상대적 규모이든 종래 재벌기업의 규모를 문제삼던 시각을 불식시키는 데 일조할 것으로 전망된다.

둘째, 우리나라 재벌의 다국적기업화란 그 자체가 과거에 비하여 자산, 매출, 고용, 부가가치 등에 있어서 해외부문의 비중 증가를 의미하므로, 국내의 조세기반이 상대적으로 잠식됨과 동시에 재벌의 활동에 대한 정책의 영향력도 그만큼 줄어든다. 이는 국제화에 따른 불가피한 측면인데, 과거 재벌에 대하여 어떤 식으로든 통제력을 행사해 왔던 정부에게는 스스로 재벌에 대한 인식을 새롭게 하지 않을 수 없는 계기로 작용할 것이다. 국제화에 따른 정부-재벌관계의 이러한 변화는 결국 과거의 주종적 관계에서 수평적 협력관계로 변화함을 의미한다. 따라서 최근 비자금 파문 등 일련의 사태에 따른 정경유착 단절의 불가피성, 정치적 민주화와 지방화에 따른 이익집단의 영향력 증대와 정치적 세력으로서 재벌부문의 자연스러운 부상 등을 종합적으로 판단한다면, 행정부와 정치권력이 과거와 같이 권위주의와 재량주의에 의존하여 재벌을 통제하려 할 경우, 이는 오히려 끊임없는 마찰을 야기할 것이다. 이러한 변화를 앞서가는 길은 정부 스스로 경제정책에 있어서 합당한 원칙을 제시하는 역할을 담당하는 것이다.

셋째, 앞서 보았듯이 과거 재벌의 문제라고 인식된 측면 중 효율성이나 분배적 형평성의 경우에는 그 문제성이 경미하였으나 공정성과 정당성은 비교적 중요한 문제였고, 정부-재벌 관계에서 발견되는 재량주의와 재벌의 도덕적 이완은 더욱 중요한 문제였다. 그러나 향후 국제화와 개방화가 진행되면 정부 스스로 재량주의를 지속하거나 도덕적 이완을 허용하는 것이 어려워지고 무의미하게 될 것으로 전망된다. 국내시장을 보호하고 재벌의 해외 활동이 미약한 상태에서는 정부에 의한 재량권의 행사가 가능했으나, 개방화와 국제화는 재량권의 행사를 무의미하게 하고 외국기업에게 이는 통상마찰의 불씨를 제공할 뿐이다. 향후 부실화되는 재벌에 대한 정부의 보험자 역할이 어디까지 계속될 것인지는 예측하기 힘든 문제이지만, 앞으로 금융기관의 희생을 더이상 강요할 수 없는 상황이 전개되면 정부로서는 합리적인 퇴출정책을 마련할 수밖에 없을 것이다. 한편 공정성과 정당성의 차원에서 정부가 공정한 경쟁의 규범을 확립해야 하는 것은 당연하지만, 과거 재벌성장의 정당성은 결국 우리 경제의 역사적 유산으로 남을 전망이다.

넷째, 그동안 재벌의 업종다각화, 소유집중, 지배·경영 구조 등에 대하여 문제인식의 혼란이 심각했으나, 개방화·국제화에 따라 재벌이 대내외적으로 경쟁압력에 노출되면 스스로 적정한 사업구조와 지배·경영구조를 모색하는 노력을 경주하게 될 것이다. 그러나 이 경우 정부의 정책적 노력이 중요한 것도 사실인데, 정부는 재벌경영의 투명성을 제고하고 이해관계자의 이익을 보호하는 장치를 마련하되 효율성과 건전성이 조화된 한국 자본주의 모형의 비전을 제시할 필요가 있을 것이다.

이상과 같이 볼 때, 향후 여건변화는 한편으로는 정부의 약화와 재벌의 강화라는 상대적 위상의 변화를 초래하는 듯 보일 수도 있다. 그러나 환경변화에 비추어 정부가 상대적으로 무력화되는 현상은 어느 정도 불가피한 측면이며, 정부로서는 새로운 정책수요에 적절히 대응하면서 기업에 대해서는 입지조건을 유리하게 하는 각종 정책을 제시해야 할 입장에 있다. 과거의 재량주의를 포기하는 대신, 정부가 재벌에 대해서 진정한 힘을 갖게 되는 것은 게임의 규칙을 제대로 설정하는 데 있음을 새삼 인식할 필요가 있다.

(3) 재벌정책의 방향과 과제

해방 이후 50년간의 경제성장은 산업조직의 차원에서 몇 가지 분명한 유산을 남겼다. 정부의 규제와 보호가 만연하여 경쟁이 제한되었던 반면, 높은 수준의 대외지향성은 효율의 기준을 해외에서 찾도록 하는 압력으로 작용하였으며, 그 결과 많은 기업과 산업의 경쟁력이 제고되었고 산업구조도 고도화되었다. 그러나 재벌대기업 위주의 양적 성장하에서 중소기업 부문의 균형된 발전이 충분히 이루어지지 못하였으며, 경제력집중은 심화되었고 우리나라를 대표하는 기업들은 아직도 가족자본주의의 한계를 극복하지 못하고 있다. 금융부문이 정부의 통제하에서 자금배분기능을 수행함에 따라 금융산업 자체의 경쟁력이 문제가 되고 있으며 은행과 기업의 관계도 비정상적인 모습에서 벗어나지 못하고 있다. 전반적으로 정부-기업관계는 아직도 정부의 가부장적 권위주의라는 전통이 남아 있어 성숙된 시장경제체제를 확립하는 데 장애가 되고 있다.

21세기의 선진화된 경제사회를 지향하는 관점에서 볼 때, 지난 50년간의 성장이 남긴 유산에는 자산인 측면과 부채인 측면이 동시에 존재한다. 산업조직의 차원에서 해결해야 할 과제는 크게 볼 때, 첫째 선진국 진입의 필요조건인 산업의 효율성과 경쟁력을 부단히 강화하는 과제와, 둘째 국민 다수의 정치적 지지를 얻을 수 있는 자본주의 모형을 구축해 감으로써 경제체제의 건전성을 제고하는 과제로 대별될 수 있을 것이다. 이 두 가지 과제를 수행함에 있어서 역사의 단절이란 현실적으로 가능하지도 않고 바람직하지도 않기 때문에, 과거 50년의 유산이 남긴 자산을 계속 키워 나가고 부채를 줄여나가는 방법만이 타당할 것으로 판단된다.

향후 재벌정책의 핵심은 지원이 아니라 규제의 정비와 원칙의 확립에 있다. 특히 재벌이 스스로 기업집단 구조를 효율적으로 재편하고 경쟁력 제고에 매진하도록 유도하려면 '경쟁화'라는 대세를 앞당기는 것이 첩경이며, 이를 위하여 재벌에 대한 다각화 규제는 오히려 철폐되어야 한다. 재벌대기업에 대하여 효율과 경쟁이 중시되는 산업정책의 완결은 퇴출정책의 정비에 있으며, 이제 정부는 재벌에 대한 보험자 역할을 중단하는 방법을 강구하는 데 지혜를 발휘할 필요가 있다.

우리나라에 적합한 자본주의 모형을 확립하고 경제체제의 건전성을 제고하는 과제는 내부의 저항과 갈등을 최소화하고 경제주체의 참여를 도출하기 위하여 반드시 필요한 것이며, 장기적인 시각에서 추진되어야 할 과제이다. 대기업은 성장과 이윤을 최대한 추구하는 자유를 갖되, 기업성장의 열매를 기업소유주와 그 가족이 독점적으로 향유하고 기업경영이 소수의 독단에 의하여 좌우되는 폐단을 시정하기 위하여, 가족자본주의의 다음 단계가 과연 어떠한 모습인지를 모색하는 데 우리 사회의 지적 능력이 동원되어야 할 것이다.

이 경우 미국, 일본, 독일, 영국, 프랑스 등 선진국 자본주의의 소유·지배·경영구조 및 금융과 산업의 관계는 우리에게 귀중한 교훈을 제공하지만, 사전적으로 특정한 모형을 추구하기보다는 현재 재벌의 강점을 살리고 그 폐해를 시정할 수 있는 수단을 축적해 가는 것만이 한국형 자본주의를 구축하는 방안이 될 것이다. 통상 선진국의 정부-기업관계, 은행-기업관계, 그리고 대기업의 소유·지배·경영구조는 해당 국가의 발전단계, 발전전략, 기업문화, 자본시장 등의 특성에 따라 오랜 시간에 걸쳐 진화한 것인 만큼, 그 역사성에 대한 충분한 이해를 바탕으로 우리나라의 대기업상을 확립해 가야 할 것이다. 다만 재벌이 지배하는 우리나라의 경제구조를 볼 때, 초대형 공기업의 민영화에 있어서는 새로운 대기업상을 도입하는 계기로 이를 활용하는 것이 타당할 것이다.

대기업의 바람직한 지배구조를 모색하는 과정도 내부 통제장치와 외부 통제장치를 도입하기 위한 제도변경에만 의존하기보다는, 경쟁압력에 따라 기업 스스로 효율적 지배구조를 모색할 수 있도록 여건을 조성하는 것이 중요할 것이다. 정부로서는 오히려 체제의 건전성 차원에서 대주주의 횡포로부터 소액투자가를 보호하고 경영의 투명성을 제고하는 정책을 추진할 필요가 있으며, 지배구조의 궁극적인 선택권은 기업의 손에 남겨 두는 것이 바람직할 것이다.

이러한 과제를 추진함에 있어서는 우리 경제, 산업조직을 둘러싼 대내외 여건변화의 의미가 충분히 감안되어야 할 것이다. 특히 기업활동의 국제화와 내수시장의 개방화는 독과점과 경제력집중의 본질에 변화를 가져올 것이며, 이에 따라 정책의 실효성은 부단히 재점검되어야 할 것이다.

향후 재벌정책의 기본 방향은, 재벌의 경제력이 정부의 자원통제 능력을 초월하는 상태에서, 정부는 재량을 포기하고 공정한 규칙을 제도화해 더이상 재벌을 상대로 주도권 확보에 매달릴 것이 아니라 준엄한 심판자로서 일단 확립된 규칙은 예외 없이 적용하고, 시장의 힘을 활용하여 경제의 효율성을 제고하면서 경쟁압력에 따라 재벌의 폐해가 견제될 수 있는 정책을 동시에 추진하는 것이 되어야 한다.

재벌정책은 이러한 기본 방향 아래 다음과 같은 과제를 수행할 필요가 있다.

① 지배·통제 구조의 선진화를 통하여 재벌의 투명성을 제고하고, 사회적 견제기능을 강화하며 궁극적으로 한국 자본주의의 발전을 위하여 다음과 같은 핵심과제가 추진되어야 한다.

- 정보공시제도 강화, 이사회 정상화, 소수주주권 강화, 감사제도 강화, 회계사 개혁
- 회장실, 비서실, 기조실 등의 법적 지위를 분명히 정립하고, 필요한 경우 지주회사를 허용
- 은행(금융기관)-재벌(기업) 관계의 정상화
- M&A 시장기능의 활성화
- 경영권 보호장치

② 퇴출의 규칙을 확립하고 진입규제 등 퇴행적인 산업보호정책을 폐지하여 경쟁압력이 과도한 다각화, 지배·경영상의 폐단을 시정하는 힘으로 작용하도록 한다. 또한 정부의 보험자 역할을 대폭 축소하고 재벌의 도덕적 이완을 방지할 필요가 있다. 이를 위해서는 다음과 같은 핵심과제가 추진되어야 한다.

- 법정관리제도, 은행관리제도, 기타 기업파산 관련법제를 합리화하고 채무보증 등 퇴출장벽을 완화하여 재벌 한계계열사의 개별적인 퇴출이 가능하도록 함. 경우에 따라서는 특정 재벌그룹 전체가 부도처리되더라도 M&A 등을 통하여 그 국민경제적 비용은 최소화하면서 잘못된 경영은 대가를 치르도록 할 필요성

- 진입규제 등 산업정책의 전면적 수정 불가피
- 생산자 위주 개방에서 탈피, 경쟁적 자유화를 위한 제2의 개방정책을 추진
- 정부 대신 금융기관의 역할 확대

③ 저항세력의 양성을 통해 균형을 유지할 필요가 있으며, 다음의 과제를 고려할 필요가 있다.
- 초대형 공기업의 민영화 시 전문경영체제를 구축하여 새로운 민간 대기업의 전형을 수립
- 외국기업, 중소기업, 소비자, 근로자 역할 증대
- 재벌 간 담합을 방지하고 경쟁을 촉진

④ 재벌총수, 경영진 등에 대한 실정법을 예외 없이 적용하여 법치주의를 확립할 필요가 있다(이는 실제로는 매우 중요한 재벌정책임에도 불구하고 그동안 기업에 대한 규제만이 강조되었고 개인의 법 위반에 관대했던 측면이 컸다).

⑤ 경쟁법의 기능을 강화하여야 한다. 특히 기업 결합에 대한 규제기능을 강화하고, 재벌 특유의 불공정거래행위에 대한 규제를 강화할 필요가 있다.

⑥ 현행 재벌정책이 다음과 같이 대폭 수정·보완되어야 할 것이다.
- 소유분산 : 법대로(징세행정)하되, 기업공개를 꾸준히 추진
- 출자규제 : 예외를 삭제하고 단순화하되, 장기적으로는 축소·폐지

- 여신관리 : 한도관리만 유지하되, 장기적으로는 축소·폐지
- 업종전문화 유도시책 : 폐지
- 상호채무보증 제한 : 채무보증이라는 그릇된 금융관행이 사라질 때까지 유지

〈인용문 20〉은 비자금 파문을 개혁의 기회로 활용하기 위한 몇 가지 중요한 제언을 담은 글인데, 그중 기업 및 산업조직에 대한 정부 정책의 개혁과제는 향후 재벌정책에 대하여 시사하는 바가 크다.

〈인용문 20〉

'비자금' 파문을 개혁 기회로

우리 누구라도 지나갈 수 있었던 큰 다리가 내려앉고, 가족과 더불어 쉬이 찾아갈 수 있었던 일류 백화점이 폭삭 무너지고, 마침내는 우리가 뽑은 5년간의 최고통치자가 스스로 부정을 TV 화면을 통해 자백하고 있으니 온 국민은 하늘이 무너지는 것 같은 심정이다. 도대체 나라가 있느냐, 또 나라가 있다면 이따위 꼴의 나라가 또 어디에 있겠느냐 하고 온 국민은 통곡하는 심정이다.(중략)

선고(先考)께서 항상 나에게 일러주시기를 "답답하면 멀리 보고 급하면 천천히 생각하라"는 말씀이 상기된다. 온 국민

은 우리를 압도하는 좌절감과 분노하는 감정에서 빨리 초월하여 이를 계기로 이 땅에서 다시는 이런 불행한 일들이 되풀이되지 않도록 사회적·제도적 개혁을 설계해야 할 때이다. 금융실명제, 토지실명제, 공직자 재산공개 등 현 정권이 그동안 추진해 온 많은 개혁을 높이 평가해야 할 것이나, 앞으로 2년여 후 정권 이양이 아니라 이권 이양이 되지 않게 하기 위해서는 아직도 해야 할 개혁이 많이 남아 있다. 부정과 부패의 원천은 권력의 집중과 비밀운영에서 발생한다.

이런 차원에서 몇 가지 제언을 한다면 먼저 정부가 갖고 있는 권력을 완화하고 분산해야 하는 개혁이 있어야 한다.

첫째, 인·허가제도를 혁명적으로 폐지 내지 완화해야 한다. 둘째, 공직자가 가지고 있는 많은 재량권의 대부분을 준칙(rule)으로 운영토록 바꾸어야 한다. 홍콩에서 근무하다 귀국한 한 후배의 말에 의하면 홍콩에서는 관청에 출입해야 될 일이 거의 없다고 한다. 전화로 문의하고 팩스나 우편으로도 거의 모든 행정을 신속히 처리한다고 했다.

셋째, 정보의 공유화와 공시제도의 확대 강화이다. 정보의 독점은 부정과 부패를 낳게 되어 있다. 국가기밀이 아닌 모든 정보는 공유화되고 기관운영도 국정감사나 감독기관뿐 아니라 모든 국민에게 공시되어야 한다. 남이 모른다고 생각하면 부정할 약점을 갖고 있는 것이 인간의 특성이기 때문이다.

넷째, 김영삼 정권은 과거의 부정을 파헤치는 쇄신은 잘하고 있으나 현행하고 있는 부정에 대해서는 잘하고 있지 못하다는 여론들이다. 얼마 전에 각계각처에 근무하고 있는 제자들과 회식 중에 나온 이야기이다. 정부부처나 구청, 세무서, 금융기관은 고사하고 심지어 검찰, 법원에 이르기까지 아직도 봉투를 돌리지 않으면 신속히 처리되는 일이 없다고들 했다. 다음으로 기업 및 산업조직에 대한 정부정책의 개혁이다. 한국 자본주의처럼 경제력이 집중되어 있는 사회는 2차대전 이후 다른 어떤 사회에서도 볼 수 없다. 규모의 경제와 범위의 경제가 엄연히 존재하고 따라서 국제경쟁력을 강화하기 위해서는 기업의 대형화나 다각화도 충분히 인정해야 한다고 생각한다. 그러나 소유의 집중이 권력의 집중을 배태하고 그 결과 현행 기업의 이사회는 통과위원회로 전락되고 있다. 수백억 원의 비자금을 권부에 헌납할 수 있는 회장이 한국 자본주의 이외의 어느 사회에서 존재할 수 있겠는가 하고 묻고 싶다.

이는 우리나라의 기업 이사회가 유명무실하고 모든 권력이 이른바 회장 1인에 집중되어 있기 때문이라 생각한다. 차제에 기업 이사회의 책임과 의무, 또 기능에 대한 제도적 개혁작업을 해야 한다. 이사회의 구성에 대해서도 참신한 발상이 있어야 한다. 회장에 대한 충성심 위주가 아니라 사계의 전문가나 소액주주의 대표는 물론 채권자인 금융기관의 대표도 포함되어야 한다.

끝으로 정부는 이 역사적 개혁을 정부 단독으로 추진한다고 해서는 결코 성공할 수 없을 것이다. 민주사회의 개혁과 발전은 민주시민의 적극적 참여 없이는 그 결실을 거둘 수 없다. 시민단체, 종교단체, 문화단체, 청년단체, 학생단체는 물론 모든 시민이 동참하도록 유도해야 한다.

법 세계화와 무한경쟁에 대응하는 요체는 여러 경제단위 간에 국내적으로는 물론 국제적으로 협력을 확대하고 전략적 제휴 제고 및 네트워크화의 확대이다. 이는 곧 서로 신뢰하는 사회의 구축에서만 가능하다. 다가오는 지식 정보사회에서는 팀워크가 중요하고 상호의존관계가 심화된다.

하늘이 무너지는 듯한 국민적 충격을 우리는 전화위복의 전기로 만들어야 한다. 우리 민족의 반만년 역사의 '한'인 선진국 진입에의 일대 계기로 만들어야 한다. 깨끗한 정치, 효율적이고 명백한 행정, 창의적이면서 대와 소가 협력하고 노와 사가 신뢰하면서 네트워크화해야 하는 기업문화를 창달해야 한다. 이 모든 것은 정직하고 질서 있고 서로 신뢰할 수 있는 한국인상을 우리 모두가 만들어 가야 한다. 큰 도적에 돌만 던질 것이 아니라 우리 이웃에서, 우리 주변에서 작은 도적이 생겨나지 못하게 우리 환경을 정화해야 한다.

- 《한국경제신문》, '한경논단', 1995년 10월 30일,

구본호 울산대 총장

참고문헌

공정거래위원회, 《공정거래연보》, 각년호.

공정거래위원회, 《공정거래통계자료》, 1995.

사공일, 《세계 속의 한국경제》, 김영사, 1993.

신유근, 《한국의 경영》, 박영사, 1992.

유승민·김준경, 〈여신관리제도의 개편방안〉, 정책연구자료, 한국개발연구원, 1992.

이규억, 경제력집중 : 기본시각과 정책방향〉, 한국개발연구원, 1990

이성순·유승민, 〈한국의 경제발전 1945~95 : 산업조직, 한국개발연구원, 1996(근간).

이원복·송병락, 《만화로 보는 자본주의·공산주의》, 동아출판사, 1990.

이원복·송병락, 《만화로 보는 한국·한국인·한국경제》, 동아출판사, 1993. 3

이재형·유승민, 〈대사업체와 재벌사업체의 성장과 생산성〉, 《한국개발연구》 1994년 가을호.

정병휴·양영식, 《한국 재벌부문의 경제분석》, 한국개발연구원, 1992.

통상산업부, 《통상산업백서》, 1995.

한국경제연구원 편, 《한국의 기업집단》, 한국경제연구원, 1995.

Bain, Joe S., *Industrial Organization*, John Wiley and Sons, 1959.

Bartlett, Randall, *Economics and Power:An Inquiry into Human Relations and Markets*, Cambridge University Press, 1989.

Marshall, Alfred, *Principles of Economics*(1890), Macmillan, 1920.

Monks, Robert A. G. and Nell Minow, *Corporate Governance*, Blackwell, 1995.
Smith, Adam, *The Wealth of Nations*(1776), Random House, 1937.

나누면서 커간다

초판 발행 1996년 3월 15일 (미래미디어)
복간판 1쇄 2022년 4월 15일
복간판 2쇄 2022년 6월 3일

지은이 유승민

펴낸곳 도서출판 나루
출판등록 2015년 12월 4일
등록번호 제504-2015-000014호

*잘못된 책은 구입하신 서점에서 교환해 드립니다.
* 책값은 뒤표지에 있습니다.